RUDOLF STEINER

Die praktische Ausbildung des Denkens

RUDOLF STEINER

DIE PRAKTISCHE AUSBILDUNG DES DENKENS

Drei Vorträge

Herausgegeben von Jean-Claude Lin

Mit einer vergleichenden Betrachtung von Walter Kugler

VERLAG FREIES GEISTESLEBEN

Rudolf Steiner (1861-1925) Studium der Natur- und Ingenieur-
wissenschaften an der Technischen Universität Wien, Promo-
tion in Philosophie an der Universität Rostock, Herausgeber
der naturwissenschaftlichen Schriften Goethes, Begründer der
Anthroposophie und der Waldorfpädagogik, der biologisch-
dynamischen Landwirtschaft und der anthroposophisch erwei-
terten Medizin und Heilpädagogik, des organischen Funktiona-
lismus in der Architektur und der Bewegungskunst Eurythmie,
sowie Schöpfer einer Kunst des Wortes. Seine Hauptwerke
sind: *Die Philosophie der Freiheit; Theosophie – Einführung
in übersinnliche Welterkenntnis und Menschenbestimmung;
Wie erlangt man Erkenntnisse der höheren Welten?; Die Geheimwissenschaft im Umriss; Der Anthroposophische Seelenkalender*
und *Vier Mysteriendramen.*

ISBN 978-3-7725-1770-9

6. Auflage 2019

Verlag Freies Geistesleben
Landhausstraße 82, 70190 Stuttgart
www.geistesleben.com

Lizenzausgabe mit freundlicher Genehmigung der
Rudolf Steiner Nachlaßverwaltung, Dornach.
© 1961, 1970, 1982 Rudolf Steiner Nachlaßverwaltung,
Dornach / Schweiz.
Diese Ausgabe: © 1998 Verlag Freies Geistesleben
& Urachhaus GmbH, Stuttgart
Einband: Thomas Neuerer unter Verwendung eines Bildes
von Magdalena Hellström-Zimmermann
Druck: Druckhaus Nomos, Sinzheim
Printed in Germany

INHALT

Vorwort des Herausgebers 7

Walter Kugler:
Die praktische Ausbildung des Denkens.
Drei Vorträge. Ihre Gemeinsamkeiten,
ihre Besonderheiten. Versuch einer
vergleichenden Betrachtung

9

Die praktische Ausbildung des Denkens

I. Karlsruhe, 18. Januar 1909

15

II. Berlin, 11. Februar 1909

45

III. Nürnberg, 13. Februar 1909

64

Anmerkungen 100

VORWORT

Von den verschiedensten Seiten hat Rudolf Steiner in seinem Lebenswerk die Bedeutung dargestellt, die dem Denken für eine den Menschen befriedigende Welt- und Selbsterkenntnis zukommt. In seiner *Philosophie der Freiheit* ist es eine besondere Anschauung des Denkens, die die Freiheit des Menschen als ethisch schöpferischer Individualität begründet; in seiner *Theosophie* nimmt der Erkenntnispfad zur Erschließung übersinnlicher «Welterkenntnis und Menschenbestimmung» vom Denken seinen Ausgang, und, um bei den grundlegenden Werken zu bleiben, in seiner *Geheimwissenschaft im Umriß* wird das vernunftgemäße Denken zum «Probierstein» einer in weite Vergangenheit und ferne Zukunft reichenden Darstellung menschlicher und kosmischer Entwicklung.

Es ist kein Zufall, daß Rudolf Steiner 1908/1909, etwa sieben Jahre nach Beginn seiner öffentlichen Tätigkeit für eine anthroposophisch orientierte Geisteswissenschaft – damals noch innerhalb der Theosophischen Gesellschaft –, in vier Vorträgen über die «praktische Ausbildung des Denkens» spricht. Sollte doch die neue Geisteswissenschaft ihre Fruchtbarkeit für alle Gebiete des menschlichen Lebens deutlich zeigen.

Von den drei erhaltenen Vorträgen ist der vor Mitgliedern der Theosophischen Gesellschaft in Karlsruhe am 18. Januar 1909 gehaltene am bekanntesten. 1921 erschien er erstmals in Stuttgart als Einzelausgabe und wurde seitdem immer wieder nachgedruckt. In der Gesamtausgabe ist er in dem Band *Die Beantwortung von Welt- und Lebensfragen durch Anthroposophie* (GA Bibliographie-Nr. 108) enthalten. Der zweite, öffentlich in Berlin gehaltene Vortrag vom 11. Februar 1909 ist dem Band *Wo und wie findet man den Geist?* (GA Bibl.-Nr. 57) entnommen; der dritte, ebenfalls öffentlich gehaltene Nürnberger Vortrag vom 13. Februar 1909 erschien erstmals in den *Beiträgen zur Rudolf Steiner Gesamtausgabe* Heft Nr. 78 zur Jahreswende 1982/83 (zusammen mit der vergleichenden Betrachtung Walter Kuglers).

Vor fünfzig Jahren, Anfang 1948, erschien der Karlsruher Vortrag als erste Buchveröffentlichung des einige Monate zuvor gegründeten neuen Verlags Freies Geistesleben. Siebenundsiebzig Jahre nach der Erstveröffentlichung erscheint er nun zum ersten Mal zusammen mit den beiden anderen erhaltenen Vorträgen. Auch wenn sie mehrere Wiederholungen aufweisen, enthalten diese Vorträge in ihrer Aufeinanderfolge eine Fülle von Anregungen, die auch heute zur Bewältigung unserer dringenden Lebensaufgaben dankbar aufgegriffen werden können.

Stuttgart, im Februar 1998 *Jean-Claude Lin*

Walter Kugler

DIE PRAKTISCHE AUSBILDUNG DES DENKENS

Drei Vorträge.

Ihre Gemeinsamkeiten, ihre Besonderheiten.
Versuch einer vergleichenden Betrachtung

Wer sich gegenwärtig für einen richtigen Lebenspraktiker hält und diese Haltung – vielleicht
nicht ohne Stolz – gegenüber seinen Mitmenschen in
allen Situationen zu behaupten vermag, wird es nicht
leicht haben mit den Inhalten, die Rudolf Steiner in
seinen Vorträgen über die «Praktische Ausbildung
des Denkens» vor ihm ausbreitet. Sieht er sich doch
schon in den ersten Sätzen des Vortrages vom 13.
Februar 1909 einer scharfen Kritik ausgesetzt, wenn
es da heißt, daß sich die Praxis des sogenannten Le-
benspraktikers zusammensetzt «aus Kurzsichtigkeit,
Gewohnheit, Intoleranz, immer mit gewissen Zusätzen – das wird dem Seelenkenner sehr bald bemerkbar sein – von Brutalität». Aber auch diejenigen, die
«es schon immer gewußt haben» und sich zu den
Schwärmern und Enthusiasten einer neuen Geistig-
keit zählen, werden sich schwer tun. Auch für sie
sind gleich zu Beginn des eben genannten Vortrages
Hindernisse aufgebaut, die genommen sein wollen,

denn, so Rudolf Steiner: «Nicht der Enthusiast, nicht der mit besonders reger Phantasie Begabte, nicht sie sind diejenigen, die eigentlich dem Geistesforscher die liebsten Schüler werden können, sondern diejenigen, die fest auf dem Boden des Lebens stehen.» Die erste Übung – wenn auch nicht von dem Vortragenden so ausgesprochen, so doch inhaltlich angeregt – lautet: Bestimme in allen Lebenssituationen deinen Standpunkt, sei es als sogenannter Lebenspraktiker, sei es als Enthusiast einer neuen Geisteshaltung.

Im folgenden soll nun, nach diesen kurzen einleitenden Worten, der Versuch unternommen werden, anhand der vorliegenden Vorträge zu dem Thema «Praktische Ausbildung des Denkens» die einzelnen Übungen, ihre Voraussetzungen und ihre Folgen darzustellen und damit Gemeinsamkeiten und auch Unterschiede bzw. Besonderheiten der einzelnen Vorträge hervorzuheben.

Im Winterhalbjahr 1908/09 hielt Rudolf Steiner vier Vorträge mit dem Thema «Praktische Ausbildung des Denkens». Von seinem ersten Vortrag, gehalten vor Mitgliedern der Theosophischen Gesellschaft Klagenfurt am 27. November 1908, liegt uns keine Niederschrift vor. Der zweite ist der – ebenfalls vor Mitgliedern – gehaltene Vortrag vom 18. Januar 1909 in Karlsruhe. Vor die Öffentlichkeit trat Rudolf Steiner mit diesem Thema im Rahmen der Architektenhausvorträge in Berlin am 11. Februar 1909 und zuletzt in Nürnberg am 13. Februar 1909.

Was nun die Bildhaftigkeit und Anschaulichkeit von

Beispielen in bezug auf die sogenannten Lebenspraktiker und ihren Gegenpol angeht, so trifft man diese
in allen drei Vorträgen an. Sie bilden sozusagen den
Nährboden für alles weitere. Da ist die Rede von dem
Erfinder der Einheitsbriefmarke, dem Engländer Sir
Rowland Hill, der beruflich rein gar nichts mit dem
Postwesen zu tun hatte, jedoch, im Gegensatz zu den
Postexperten, seinen gesunden Menschenverstand
einzusetzen wußte. Nahezu grotesk mutet uns heute
jenes Gutachten des bayrischen Medizinalkollegiums
über die Gefahren an, die mit der Erfindung der Eisenbahn der Menschheit drohen. Der Begriff des «inneren Wagenschiebers» wird all denen unvergeßlich
bleiben, die sich zunächst mit großer innerer Anteil-
nahme an dem Erfindungsgeist jenes Studienkolle-
gen Rudolf Steiners erfreuen, der eine Art «perpetuum mobile» entdeckt zu haben glaubte, bis er durch
Rudolf Steiner eines besseren belehrt wurde. Und der
Plateausche Versuch, Standardversuchsprogramm im
damaligen Physikunterricht, ergänzt in der Darstellung Steiners die Palette der Schiefheiten im Denken
der sogenannten Praktiker.

In bezug auf diese Beispiele wird man in den drei
Vorträgen viele Ähnlichkeiten finden. Blickt man auf
die Gesamtkomposition, so unterscheiden sich die
beiden öffentlichen Vorträge in Berlin und Nürnberg
doch ganz erheblich von dem Karlsruher Mitgliedervortrag. Die einzelnen Übungsangaben stehen in
den zuerst genannten Vorträgen in einem größeren
Sinnzusammenhang, der durch drei Grundsätze bzw.

Grundgesetze oder auch (vgl. den Nürnberger Vortrag) durch drei «Zaubermittel» hergestellt wird. Um nämlich zu einem praxisnahen Denken zu kommen, bedarf es erstens: des Interesses an allen Dingen, zweitens: der Lust und Liebe an allen Tätigkeiten und drittens: einer inneren Befriedigung, die Reflexion betreffend. An diese drei Grundsätze schließen sich nun die einzelnen Übungen an, die in dem letzten, also dem Nürnberger Vortrag, wohl am deutlichsten voneinander unterschieden werden können. Anzumerken ist hier noch, daß die Schlußgedanken dieses Vortrages in dem Berliner Vortrag so nicht enthalten sind, jedoch in ähnlicher Weise im folgenden der Architektenhausvorträge, also dem vom 18. Februar 1909, unter dem Titel «Die unsichtbaren Glieder der Menschennatur und das praktische Leben» (in dem Band *Wo und wie findet man den Geist,* GA Bibl.-Nr. 57) den Einstieg bilden. Hier zeigt sich wieder recht deutlich, welch inneren Zusammenhang die einzelnen Architektenhausvorträge, die oft viele Wochen auseinander liegen, dennoch bilden.

Was die weiteren Voraussetzungen betrifft, so sind sich der Karlsruher und der Nürnberger Vortrag sehr ähnlich, wobei im letzteren – dies betrifft vor allem die Beispiele und Zitate – die einzelnen Darstellungen oft wesentlich ausführlicher sind. Als eine Voraussetzung für die praktische Ausbildung des Denkens wird die Feststellung genannt – hier beruft sich Rudolf Steiner auf Aristoteles –, daß die Gedanken schon in den Dingen enthalten sein müssen, so wie in einem Glas Wasser sein muß, wenn ich es leeren will. Eine weitere, sehr wesentliche Voraussetzung und Bedingung ist, daß sich der Übende zur Selbstlosigkeit erzieht. Die möglichen Folgen eines Gedankens zu bedenken und dann, wenn sie tatsächlich so eingetreten wie vorhergesehen, zu konstatieren, daß man «das ja gleich gesagt habe», erweist sich innerhalb eines solchen Übungsweges als absurd und zugleich schädigend für das Denken.

Blickt man nun auf die einzelnen Übungen, so kann man feststellen, daß sie im letzten Vortrag am deutlichsten als einzelne Übungen auftreten, während sich im Karlsruher und auch im Berliner Vortrag die einzelnen Übungen oft nur schwer aus dem Gesamtzusammenhang herauslösen und damit auch als solche erfassen lassen. Hier seien daher die Übungen des Nürnberger Vortrages einmal im einzelnen aufgeführt:

- Verlängerung der Tatsachen nach rückwärts und vorwärts
- Denken ohne Blick auf das Ergebnis
- Zu gewissen Zeiten am Tage über fremde Gebiete, die nicht unmittelbar mit der eigenen Lebenssituation zusammenhängen, nachdenken
- Seine eigene Meinung in Frage stellen, eigene Gedanken (Vorstellungen) ruhen lassen; die Meinung des anderen tolerieren
- Erst in der Erinnerung das Urteil bilden. Solange noch ein Eigeninteresse vorhanden ist, nur anschauen, zuhören, nicht reden
- Gewisse Zeiten am Tage nichts denken.

Über die Folgen solcher Übungen wird man am deutlichsten etwas in dem Mitgliedervortrag (Karlsruhe) erfahren. So führt die erstgenannte Übung zur Geschmeidigkeit des Denkens. Die drittgenannte zu Einfällen zur rechten Zeit, aber auch – wie man im Nürnberger Vortrag erfährt – zur Ausbildung der Denkorgane. Die vierte Übung führt zu klarem Denken, zu Schlagfertigkeit und auch dazu, größere Sinnzusammenhänge zu erfassen. Und nicht ohne Erstaunen wird man in dem Karlsruher Vortrag entgegennehmen, daß das bewußte Aussetzen der denkerischen Tätigkeit zu gewissen Zeiten des Tages zu einem guten Gedächtnis führt.

Mit dem Hinweis auf die Bedeutung einer gezielten Denkschulung für die theosophisch-anthroposophische Bewegung endet der Vortrag in Karlsruhe, während in Berlin und Nürnberg – wie auch schon in vorangegangenen Abschnitten des Vortrages – Rudolf Steiner nochmals auf die Denkpraxis Goethes verweist. Daß mit den genannten Beispielen und Übungen das weite Gebiet einer «praktischen Ausbildung des Denkens» noch nicht erschöpft ist, darf man dem folgenden Satz Rudolf Steiners gegen Ende des Nürnberger Vortrages entnehmen: «Nur einzelne Punkte konnten aus dem Umfange dessen, was man zu sagen hätte und was zwanzig Vorträge nicht erschöpfen könnten, herausgehoben werden.»

I.
DIE PRAKTISCHE AUSBILDUNG DES DENKENS

Karlsruhe, 18. Januar 1909

Es könnte sonderbar erscheinen, wenn gerade Anthroposophie sich berufen fühlt, über praktische Ausbildung des Denkens zu sprechen, denn von den Außenstehenden wird sehr häufig die Meinung vertreten, Anthroposophie[1] sei etwas im eminentesten Sinne Unpraktisches, sie habe mit dem Leben nichts zu tun. Solche Anschauung kann nur bestehen, wenn man die Dinge äußerlich, oberflächlich betrachtet. In Wahrheit aber soll das in Betracht Kommende ein Leitfaden sein fürs alleralltäglichste Leben; es soll sich in jedem Augenblick umwandeln können in Empfindung und Gefühl und es uns möglich machen, dem Leben sicher gegenüberzutreten und darin fest zu stehen.

Es bilden sich die Leute, die sich praktisch nennen, ein, nach den allerpraktischsten Grundsätzen zu handeln. Geht man der Sache aber näher, so wird man finden, daß das sogenannte «praktische Denken» oft überhaupt kein Denken ist, sondern ein Fortwursteln in anerzogenen Urteilen und Denkgewohnheiten.

Wenn Sie absolut objektiv das Denken der Praktiker beobachten und das, was man gewöhnlich Denkpraxis nennt, prüfen, so werden Sie finden, daß da zum Teil sehr wenig wirkliche Praxis dahintersteckt, sondern was man Praxis nennt, besteht darin, daß man gelernt hat: Wie hat der Lehrmeister gedacht, wie hat derjenige gedacht, der dieses oder jenes vorher fabriziert hat, und wie richtet man sich nach dem? – Und wer anders denkt, den hält man für einen unpraktischen Menschen; denn das Denken stimmt ja nicht überein mit dem, was einem nun einmal anerzogen ist.

Wenn aber wirklich einmal etwas Praktisches erfunden wurde, so wurde das zunächst keineswegs von einem Praktiker gemacht. Betrachten wir zum Beispiel unsere heutige Briefmarke. Es wäre doch das Allernächstliegende, zu meinen, daß diese von einem Praktiker des Postwesens erfunden worden wäre. Dem ist aber nicht so. Anfang des letzten Jahrhunderts, da war es noch eine sehr umständliche Sache, einen Brief aufzugeben. Wollte jemand einen Brief fortschicken, so mußte er an die betreffende Stelle gehen, wo die Briefe aufgegeben werden konnten, und es mußten hier verschiedene Bücher nachgeschlagen werden, und allerlei Umständlichkeiten waren damit verknüpft. Daß man ein solches einheitliches Porto haben kann, wie man es heute gewohnt ist, das ist kaum etwas über sechzig Jahre her. Und unsere heutige Briefmarke, die das ermöglicht, ist nicht erfunden worden von einem praktischen Postmenschen, sondern von einem Menschen, der der Post ferne stand, von dem Engländer Hill.[2]

Und als die Briefmarke erfunden war, da sagte der betreffende Minister im englischen Parlament, der für das Postwesen damals in Betracht kam: Ja, erstens kann man nicht annehmen, daß wirklich durch diese Vereinfachung der Verkehr sich so ungeheuer vermehrt, wie dies dieser unpraktische Hill sich ausmalt, und zweitens, angenommen selbst, es wäre so, dann würde das Postgebäude in London ja nicht ausreichen für diesen Verkehr. – Diesem großen Praktiker ist es aber nicht im entferntesten eingefallen, daß das Postgebäude sich nach dem Verkehr und nicht der Verkehr sich nach dem Postgebäude richten müsse. Nun hat sich in verhältnismäßig denkbar kürzester Zeit das durchgesetzt, was damals von einem «Unpraktiker» gegenüber einem «Praktiker» erkämpft werden mußte: ganz selbstverständlich ist es heute, daß der Brief mit der Briefmarke befördert wird.

Ähnlich verhält es sich bei der Eisenbahn. Als im Jahre 1835 die erste Eisenbahn in Deutschland von Nürnberg nach Fürth gebaut werden sollte, wurde von dem bayrischen Medizinalkollegium, das darüber gehört wurde, ein Sachverständigen-Gutachten dahin abgegeben,[3] daß es nicht ratsam sei, Eisenbahnen zu bauen; sollte es aber doch beabsichtigt werden, so müsse wenigstens rechts und links der Eisenbahn eine hohe Bretterwand hergestellt werden, damit vorübergehende Menschen nicht etwa Nerven- und Gehirnerschütterungen erlitten.

Als die Bahnlinie Potsdam-Berlin gebaut werden sollte, sagte Generalpostmeister Nagler:[4] Ich lasse täglich zwei Postwagen nach Potsdam fahren, und die sind nicht besetzt; wenn die Leute ihr Geld absolut zum Fenster hinauswerfen wollen, dann sollen sie es doch gleich unmittelbar tun. – Die realen Tatsachen des Lebens gehen eben über die «Praktiker» hinweg, über diejenigen, die da glauben, sie seien Praktiker. Man muß unterscheiden, was wahres Denken ist, von der sogenannten Denkpraxis, die nur ein Urteilen nach anerzogenen Denkgewohnheiten ist.

Eine kleine Erfahrung, die ich selbst einmal gemacht habe, will ich Ihnen erzählen und sie an die Spitze unserer heutigen Betrachtung stellen: Während meiner Studienzeit kam einmal ein junger Kollege zu mir voll Freude, wie man sie gerade bei Leuten, die eine recht pfiffige Idee gehabt haben, bemerkt, und sagte: Ich muß jetzt gerade zum Professor Radinger gehen – der damals an der Hochschule den Maschinenbau vertrat –, denn ich habe eine großartige Erfindung gemacht: Ich habe erfunden, wie man mit Aufwendung von ganz wenig Dampfkraft, die man einmal aufwendet, durch Umsetzen eine ungeheure Arbeitsmenge leisten kann mittels einer Maschine. – Mehr konnte er mir nicht sagen, er hatte es sehr eilig, zu dem Professor zu gehen. Nun traf er aber den betreffenden Professor nicht, und er kam zurück und setzte mir die ganze Sache auseinander. Die Geschichte hatte mir gleich etwas nach Perpetuum mobile gerochen – aber, nicht wahr, warum sollte auch so etwas nicht schließlich einmal möglich sein? – Doch nachdem er mir alles erklärt hatte, mußte ich ihm sagen: Ja, sieh einmal, die Sache ist zwar recht scharfsinnig ausgedacht, aber im Praktischen ist das ein Verhältnis, das sich genau vergleichen läßt damit, daß sich jemand in einen Eisenbahnwagen hineinstellt, furchtbar stark anschiebt und meint, der Wagen führe dann fort. So ist das Prinzip des Denkens bei deiner Erfindung. – Er hat es dann auch eingesehen und ist nicht wieder zu dem Professor gegangen.

So kann man sich gewissermaßen einkapseln mit seinem Denken. An ganz besonderen seltenen Fällen zeigt sich dieses Einkapseln auch deutlich; aber im Leben kapseln sich viele Menschen so ein, und es zeigt sich nicht immer so auffällig wie in unserem Beispiel. Derjenige aber, der die Sache etwas intimer beobachten kann, weiß, daß so eine große Anzahl menschlicher Denkprozesse verläuft: er sieht oft, wie sozusagen die Menschen im Wagen stehen und von innen schieben und nun meinen, daß sie es sind, die den Wagen vorwärtsbringen. Vieles von dem, was im Leben vor sich geht, würde ganz anders vor sich gehen, wenn die Menschen nicht solche im Wagen stehende Schieber wären.

Wirkliche Praxis des Denkens setzt voraus, daß man die richtige Gesinnung, das richtige Gefühl zum Denken gewinnt. Wie kann man eine richtige Stellung zum Denken gewinnen? Niemand kann das richtige Gefühl zum Denken haben, der glaubt, daß das Denken etwas sei, das sich nur innerhalb des Menschen, in seinem Kopf oder in seiner Seele abspiele. Wer diesen Gedanken hat, der wird fortwährend von einem falschen Gefühl davon abgelenkt werden, eine richtige Denkpraxis zu suchen, die nötigen Anforderungen an sein Denken zu stellen. Wer das richtige Gefühl erlangen will gegenüber dem Denken, der muß sich sagen: Wenn ich mir Gedanken machen kann über die Dinge, wenn ich durch Gedanken etwas ergründen kann über die Dinge, so müssen die Gedanken erst darinnen sein in den Dingen. Die Dinge müssen nach den Gedanken aufgebaut sein, nur dann kann ich die Gedanken auch herausholen aus den Dingen.

Der Mensch muß sich vorstellen, daß es mit den Dingen draußen in der Welt so ist wie mit einer Uhr. Der Vergleich des menschlichen Organismus mit einer Uhr wird sehr häufig gebraucht; aber die Leute vergessen dabei meist das Wichtigste, daß auch ein Uhrmacher vorhanden ist. Man muß sich klar darüber sein, daß nicht von selber zusammengelaufen sind die Räder und sich zusammengefügt haben und machen, daß die Uhr geht, sondern daß es einmal einen Uhrmacher zuvor gegeben hat, der diese Uhr zusammmengefügt hat. Den Uhrmacher darf man nicht vergessen. Durch Gedanken ist die Uhr zustande gekommen, die Gedanken sind gleichsam ausgeflossen in die Uhr, in das Ding. Auch alles, was Naturwerke, Naturgeschehnisse sind, muß man sich so vorstellen. Bei dem, was Menschenwerk ist, da läßt sich das schnell veranschaulichen, bei Naturwerken dagegen, da kann das der Mensch nicht so leicht bemerken, und doch sind auch sie geistige Wirksamkeiten, und dahinter stehen spirituelle Wesenheiten. Und wenn der Mensch denkt über die Dinge, so denkt er nur über das nach, was zuerst in sie hineingelegt worden ist. Der Glaube, daß die Welt durch Denken hervorgebracht worden ist und sich noch fortwährend so hervorbringt, der erst macht die eigentliche innere Denkpraxis fruchtbar.

Es ist immer der Unglaube gegenüber dem Geistigen in der Welt, der selbst auf wissenschaftlichem Boden die schlimmste Unpraxis des Denkens hervorbringt. Zum Beispiel, wenn jemand sagt: Unser Planetensystem ist so entstanden, daß zuerst ein Urnebel da war, der fing an zu rotieren, ballte sich zusammen zu einem Zentralkörper, von ihm spalteten sich ab Ringe und Kugeln, und so entstand mechanisch das ganze Planetensystem –, so macht der, der das sagt, einen großen Denkfehler. Schön niedlich bringt man das heute den Menschen bei. In einem niedlichen Experiment[5] zeigt man es heute in jeder Schule: In ein Glas Wasser bringt man einen Tropfen Fett, schiebt eine Nadel durch diesen Fettropfen und bringt das Ganze in Rotation. Da sondern sich dann vom großen Tropfen kleine Tröpfchen ab, und man hat da ein Planetensystem im kleinen und dem Schüler – so meint man – anschaulich gezeigt, wie rein mechanisch sich das bilden kann. Unpraktisches Denken nur kann an diesen niedlichen Versuch solche Folgerungen anknüpfen, denn der Betreffende, der das überträgt auf das große Weltensystem, der vergißt nur meist etwas, was sonst vielleicht ganz gut ist zu vergessen, er vergißt sich selbst, er vergißt, daß er selbst ja die Sache in Rotation gebracht hat. Wäre er nicht dagewesen und hätte das Ganze gemacht, so wäre niemals die Teilung des Fettropfens in die Tröpfchen entstanden. Wenn der Mensch das auch beobachtete und auf das Planetensystem übertrüge, dann erst wäre vollständiges Denken aufgewendet. Solche Denkfehler spielen heute, besonders auch in dem, was man heute Wissenschaft nennt, eine ungeheuer große Rolle. Diese Dinge sind viel wichtiger, als man gewöhnlich denkt.

Wenn man von wirklicher Denkpraxis reden will, muß man wissen, daß Gedanken nur aus einer Welt herauszuholen sind, in der auch wirklich schon Gedanken darinnen sind. Wie man Wasser nur aus einem Glase schöpfen kann, in dem Wasser wirklich darinnen ist, so kann man Gedanken nur aus Dingen schöpfen, in denen sie darinnen sind. Die Welt ist nach Gedanken aufgebaut; nur deshalb kann man Gedanken auch herausholen aus ihr. Wenn das nicht wäre, dann könnte überhaupt keine Denkpraxis zustande kommen. Dann aber, wenn der Mensch zu Ende empfindet, was hier ausgesprochen worden ist, dann wird er über alles abstrakte Denken leicht hinwegzubringen sein. Wenn der Mensch das volle Vertrauen hat, daß hinter den Dingen Gedanken stehen, daß die realen Tatsachen des Lebens nach Gedanken verlaufen, dann, wenn er diese Empfindung hat, dann wird er leicht sich bekehren zu einer Denkpraxis, die auf Wirklichkeit, Realität gebaut ist.

Wir wollen nun etwas von jener Denkpraxis hinstellen, die insbesondere für diejenigen, die auf anthroposophischem Boden stehen, wichtig ist. Wer davon durchdrungen ist, daß die Welt der Tatsachen in Gedanken verläuft, der wird die Wichtigkeit der Ausbildung richtigen Denkens einsehen. Nehmen wir nun an, es sagt sich jemand: Ich will mein Denken so befruchten, daß es wirklich im Leben sich immer zurechtfindet –, so muß er sich an das halten, was jetzt gesagt werden soll. Und was nun angegeben wird, das ist so aufzufassen, daß es tatsächlich praktische Grundsätze sind, und daß es, wenn man immer wieder und wieder danach trachtet, sein Denken danach einzurichten, gewisse Wirkungen hat, daß das Denken dann praktisch wird, wenn es vielleicht auch anfangs nicht so ausschaut. Ja, es stellen sich für das Denken noch ganz andere Erfahrungen ein, wenn man solche Grundsätze durchführt.

Nehmen wir an, jemand versucht folgendes: Er beobachtet heute sorgfältig einen Vorgang in der Welt, der ihm zugänglich ist, den er möglichst genau beobachten kann, sagen wir zum Beispiel die Witterung. Er beobachtet die Wolkenkonfiguration am Abend, die Art wie die Sonne untergegangen ist und so weiter, und er bildet sich nun genau das Bild ein von dem, was er beobachtet hat. Er versucht die Vorstellung, dieses Bild eine Zeitlang festzuhalten in allen Einzelheiten; er hält soviel wie möglich von dieser

Vorstellung fest und sucht sie sich zu bewahren bis morgen. Morgen beobachtet er ungefähr um dieselbe Zeit, oder aber auch zu einer anderen Zeit, wiederum die Witterungsverhältnisse, und er versucht, sich wiederum ein genaues Bild von den Verhältnissen zu machen.

Wenn er auf diese Weise sich genaue Bilder von aufeinanderfolgenden Zuständen macht, so wird es für ihn außerordentlich deutlich werden, wie er sein Denken allmählich innerlich bereichert und intensiv macht, denn dasjenige, was das Denken unpraktisch macht, das ist, daß der Mensch gewöhnlich zu sehr geneigt ist, in den aufeinanderfolgenden Vorgängen in der Welt das, was die Einzelheiten sind, wegzulassen und nur ganz allgemeine, verschwommene Vorstellungen zu behalten. Das Wertvolle, das Wesentliche, was das Denken befruchtet, ist, gerade in aufeinanderfolgenden Vorgängen sich genaue Bilder zu formen und sich dann zu sagen: Gestern war die Sache so, heute ist sie so –, und dabei die beiden Bilder, die in der wirklichen Welt auseinanderliegen, sich möglichst bildlich auch vor die Seele zu rücken.

Es ist dies zunächst nichts anderes als ein spezieller Ausdruck für das Vertrauen in die Gedanken der Realität. Der Mensch soll nicht etwa sofort irgendwelche Schlüsse ziehen und aus dem, was er heute beobachtete, schließen, was nun morgen für Witterung sein wird. Das würde sein Denken korrumpieren. Er soll vielmehr das Vertrauen haben, daß draußen in der Realität die Dinge ihren Zusammenhang haben, daß das Morgige mit dem Heutigen irgendwie zusammenhängt. Er soll nicht spekulieren darüber, sondern das, was zeitlich aufeinanderfolgt, nur zuerst in möglichst genauen Vorstellungsbildern in sich selbst nachdenken und dann diese Bilder zunächst nebeneinanderstehen und sie ineinander übergehen lassen. Dies ist ein ganz bestimmter Denkgrundsatz, den man ausführen muß, wenn man wirklich sachgemäßes Denken entwickeln will. Es ist gut, diesen Grundsatz gerade an solchen Dingen durchzuführen, die man noch nicht versteht, bei denen man noch nicht eingedrungen ist in den inneren Zusammenhang. Deshalb soll man gerade bei solchen Vorgängen, von denen man noch nichts versteht, wie zum Beispiel die Witterung, das Vertrauen haben, daß sie, die draußen zusammenhängen, auch in uns Zusammenhänge bewirken; und das soll mit Enthaltung vom Denken geschehen, nur in Bildern. Man muß sich sagen: Ich weiß noch nicht den Zusammenhang, aber ich werde diese Dinge in mir leben lassen, und sie werden in mir etwas bewirken, wenn ich gerade die Enthaltung vom Spekulieren übe. – Sie werden leicht glauben können, daß, wenn der Mensch so, mit Enthaltung vom Denken, sich möglichst genaue Bildvorstellungen macht von aufeinanderfolgenden Vorgängen, daß da etwas vorgehen kann in den unsichtbaren Gliedern des Menschen.[6]

Der Mensch hat den astralischen Leib als Träger des Vorstellungslebens. Dieser astralische Leib ist, solange der Mensch spekuliert, der Sklave des Ich.

Aber er geht nicht in dieser bewußten Tätigkeit auf, er steht auch in einer gewissen Beziehung zum ganzen Kosmos.

In demselben Maße nun, in dem wir uns enthalten, unsere Denkwillkür wirken zu lassen, in dem wir ganz enthaltsam bloß Bildvorstellungen von aufeinanderfolgenden Ereignissen uns machen, in demselben Maße wirken die inneren Gedanken der Welt in uns und prägen sich unserem Astralleib ein, ohne daß wir es wissen. Wie wir uns fügen in den Gang der Welt durch Beobachtung der Vorgänge in der Welt und die Bilder möglichst ungetrübt in unsere Gedanken aufnehmen und in uns wirken lassen, in demselben Maße werden wir in den Gliedern, die unserem Bewußtsein entzogen sind, immer gescheiter. Wenn wir es dann einmal können, bei solchen Vorgängen, die in einem inneren Zusammenhang stehen, das neue Bild in das andere übergehen zu lassen, so wie sich dieser Übergang in der Natur vollzogen hat, dann werden wir nach einiger Zeit sehen, daß unser Denken so etwas bekommen hat wie eine gewisse Geschmeidigkeit.

So sollen wir vorgehen bei Dingen, die wir noch nicht verstehen; aber Dingen gegenüber, die wir verstehen, sollen wir uns etwas anders verhalten, zum Beispiel Vorgängen unseres alltäglichen Lebens gegenüber, die sich um uns abspielen. Es habe zum Beispiel irgend jemand, vielleicht der Nachbar, dieses oder jenes getan. Wir denken nach: Warum hat er das getan? – Wir denken uns, er habe es vielleicht heute getan als Vorbereitung für etwas, das er morgen tun wolle. Nun sagen wir nichts weiter, sondern wir stellen uns genau vor, was er getan hat, und versuchen nun, uns ein Bild auszumalen von dem, was er morgen tun werde. Wir stellen uns vor: Das wird er morgen tun – und warten ab, was er wirklich tun werde. Es kann sein, daß wir morgen bemerken, er tut wirklich das, was wir uns ausgemalt haben. Es kann auch sein, daß er etwas anderes tut. Wir werden sehen, was geschieht, und suchen unsere Gedanken danach zu verbessern.

So suchen wir uns in der Gegenwart Ereignisse, die wir in Gedanken in die Zukunft hinein verfolgen, und warten ab, was sich ereignet. Wir können das machen mit dem, was Menschen tun, und mit anderen Dingen. Wo wir eben etwas verstehen, da versuchen wir uns ein Bild zu machen von dem, was nach unserer Meinung geschehen wird. Tritt das Erwartete ein, so war unser Denken richtig; und es ist gut. Geschieht etwas anderes, als was wir erwartet haben, dann versuchen wir darüber nachzudenken, worin wir den Fehler gemacht haben, und versuchen so, unsere falschen Gedanken zu korrigieren durch ruhiges Beobachten und Prüfen, woran der Fehler lag, woraus es entspringt, daß es so gekommen ist. Haben wir das Richtige getroffen, dann wollen wir uns aber ganz besonders sorgfältig davor hüten, zu prunken mit unserer Prophetie: Ja, das habe ich gestern schon gewußt, daß das so kommt!

Das war wiederum ein Grundsatz, aus dem Vertrauen entspringend, daß eine innere Notwendigkeit in den Dingen und Ereignissen selbst liegt, daß in den Tatsachen selbst etwas liegt, das die Dinge vorwärtsstreibt. Und was da drinnen arbeitet von heute auf morgen, das sind Gedankenkräfte. Vertiefen wir uns in die Dinge, dann werden wir dieser Gedankenkräfte uns bewußt. Diese Gedankenkräfte machen wir in unserem Bewußtsein gegenwärtig durch solche Übungen, und wir stimmen dann überein mit ihnen, wenn sich das erfüllt, was wir vorausgesehen haben; dann stehen wir durch unsere Denktätigkeit mit der realen Sache in einem inneren Zusammenhang. So gewöhnen wir uns daran, nicht willkürlich, sondern aus der inneren Notwendigkeit, der Natur der Dinge heraus, zu denken.

Aber auch nach anderer Richtung können wir unsere Denkpraxis schulen. Irgendein Ereignis, das heute geschieht, steht auch in Beziehung zu dem, was gestern geschehen ist, zum Beispiel irgendein Junge ist ungezogen gewesen; welches können die Ursachen sein? Wir verfolgen die Ereignisse zurück von heute auf gestern, wir konstruieren uns die Ursachen, die wir nicht wissen. Wir sagen uns: Ich glaube, weil heute dies geschieht, so hat sich das gestern oder vorgestern durch dieses oder jenes vorbereitet.

Man unterrichtet sich dann darüber, was wirklich geschehen ist, und erkennt dadurch, ob man richtig gedacht hat. Hat man die richtige Ursache gefunden, so ist es gut; hat man sich eine falsche Vorstellung gemacht, so versuche man, sich die Fehler klarzumachen und zu finden, wie der Gedankenprozeß sich entwickelt hat und wie die Sache in der Wirklichkeit abgelaufen ist.

Diese Grundsätze auszuführen, ist das Bedeutsame: daß wir wirklich Zeit finden, die Dinge so zu betrachten, als ob wir in den Dingen drin wären mit unserem Denken, daß wir uns hineinversenken in die Dinge, in die innere Gedankentätigkeit der Dinge. Wenn wir das tun, dann merken wir nach und nach, wie wir förmlich zusammenwachsen mit den Dingen, wie wir gar nicht mehr das Gefühl haben, daß die Dinge draußen sind und wir drinnen und über sie nachdenken, sondern ein Gefühl bekommen, wie wenn unser Denken sich in den Dingen drinnen bewegte. Wenn der Mensch das in hohem Grade erreicht hat, so kann ihm manches klarwerden.

Ein Mensch, der in hohem Grade erreicht hatte, was so zu erreichen ist, ein solcher Denker, der immer in den Dingen drinnenstand mit seinen Gedanken, das war Goethe. Der Psychologe Heinroth hat 1822 in seinem *Lehrbuch der Anthropologie*[7] gesagt, daß Goethes Denken ein gegenständliches Denken sei. Goethe selbst hat sich über diese Bemerkung gefreut. Sie sollte besagen, solches Denken sondere sich nicht ab von den Dingen; es bleibe in den Dingen drinnen, es bewege sich innerhalb der Notwendigkeit der Dinge. Goethes Denken war zugleich ein Anschauen, sein Anschauen zugleich ein Denken.

Goethe hat es sehr weit gebracht in solchem entwickelten Denken. So ist es mehr als einmal vorgekommen: Goethe hatte irgend etwas vor, ging zum Fenster und sagte zu dem, der gerade da war: In drei Stunden wird es regnen –, und es geschah so. Er konnte aus dem kleinen Ausschnitt des Himmels, den er durchs Fenster sah, sagen, was in den nächsten Stunden vorgehen werde in den Witterungsverhältnissen. Sein treues, in den Dingen bleibendes Denken hatte es ihm möglich gemacht, zu spüren, was sich da vorbereitete aus dem vorhergehenden als das spätere Ereignis.

Wirklich viel mehr kann man erreichen durch ein praktisches Denken, als man gewöhnlich meint. – Wenn man das hat, was nun geschildert wurde, an Grundsätzen für das Denken, dann wird man bemerken, daß nun wirklich das Denken praktisch wird, daß der Blick sich erweitert und man die Dinge der Welt ganz anders ergreift als ohne dies. Der Mensch wird nach und nach sich ganz anders stellen zu den Dingen und auch zu den Menschen. Es ist ein wirklicher Prozeß, der in ihm vorgeht, der sein ganzes Verhalten verändert. Es kann von ungeheurer Wichtigkeit sein, daß der Mensch tatsächlich versucht, so mit den Dingen durch sein Denken zusammenzuwachsen; denn es ist ein im eminentesten Sinne praktischer Grundsatz für das Denken, solche Übungen zu machen.

Eine andere Sache ist eine Übung, die insbesondere diejenigen Leute machen sollten, denen gewöhnlich im rechten Moment nicht das Rechte einfällt. Dasjenige, was solche Menschen machen sollten, das besteht darin, daß sie vor allen Dingen versuchen sollen, nicht bloß so zu denken, daß sie sich in jedem Augenblick dem hingeben, was der Weltenlauf so mit sich bringt, was die Dinge so mit sich bringen. Es ist ja das Allerhäufigste, daß, wenn der Mensch einmal eine halbe Stunde sich hinlegen kann, um sich auszuruhen, daß er dann seine Gedanken spielen läßt. Dann spinnt sich das so aus ins Hundertste und Tausendste. Oder es beschäftigt ihn vielleicht diese oder jene Sorge im Leben – flugs ist sie in sein Bewußtsein geschlichen, und er ist ganz in Anspruch genommen von ihr. Macht der Mensch dieses, so wird er niemals dazu kommen, im richtigen Moment den richtigen Einfall zu haben. Will er das erreichen, so muß er sich folgendermaßen verhalten. Hat er eine halbe Stunde Zeit sich auszuruhen, so muß er sich sagen: Ich will, so oft ich Zeit habe, über etwas nachdenken, was ich mir selbst auswähle, was ich nur durch meine Willkür in mein Bewußtsein hereinbringe. Ich will jetzt zum Beispiel über irgend etwas, was ich vielleicht früher erlebt habe, vielleicht bei einem Spaziergang vor zwei Jahren, nachdenken, ich will die damaligen Erlebnisse ganz willkürlich in mein Denken hereinbringen und will darüber – sei es vielleicht nur fünf Minuten – nachdenken. Alles übrige, fort damit für diese fünf Minuten! Selbst wähle ich mir das, worüber ich nachdenken will. Die Wahl braucht nicht einmal so schwierig zu sein, wie ich gerade gesagt habe. Darauf kommt es zunächst gar nicht an, daß man durch schwierige Übungen in seinen Denkprozeß hineinwirkt, sondern daß man sich herausreißt aus dem, in was man hineingezogen wird durch das Leben. Es muß nur etwas sein, was herausfällt aus dem, wohinein man gesponnen wird durch den gewöhnlichen Tagesverlauf. Und wenn man an Einfallslosigkeit leidet, wenn einem gerade nichts anderes einfällt, so kann man sich zu Hilfe kommen, indem man ein Buch aufschlägt und über das nachdenkt, was man gerade liest auf den ersten Blick. Oder auch, man sagt sich: Ich werde heute einmal über das nachdenken, was ich sah, als ich zu bestimmter Zeit vormittags ins Geschäft gegangen bin und das ich sonst würde unberücksichtigt gelassen haben. Es muß eben etwas sein, was aus dem gewöhnlichen Tageslauf herausfällt, worüber man sonst nicht nachgedacht hätte.

Macht man solche Übungen systematisch immer und immer wieder, dann tritt das ein, daß man Einfälle kriegt zur rechten Zeit, daß einem zur richtigen Zeit das einfällt, was einem einfallen soll. Das Denken wird dadurch in Beweglichkeit kommen, und das ist ungeheuer bedeutungsvoll für den Menschen im praktischen Leben.

Eine andere Übung ist besonders geeignet, auf das Gedächtnis zu wirken. Man versucht zunächst, sich in der groben Art, wie man sich gewöhnlich an Dinge erinnert, an irgendein Ereignis, sagen wir von gestern, zu erinnern. Gewöhnlich sind die Erinnerungen der Menschen ja grau in grau; in der Regel ist man ja zufrieden, wenn einem nur der Name des Menschen einfällt, dem man gestern begegnet ist. Aber damit dürfen wir nicht zufrieden sein, wenn wir unser Gedächtnis ausbilden wollen. Das müssen wir uns klarmachen. Wir müssen systematisch folgendes treiben, wir müssen uns sagen: Ich will mich ganz genau erinnern an den Menschen, den ich gestern gesehen habe, auch an welcher Hausecke ich ihn gesehen habe; was noch um ihn herum war. Das Bild will ich mir genau ausmalen, auch seinen Rock, seine Weste will ich mir bildlich genau vorstellen. – Da werden die meisten Menschen bemerken, daß sie das gar nicht können, daß ihnen das gar nicht möglich ist. Sie werden bemerken, wieviel ihnen fehlt, um eine wirkliche bildhafte Vorstellung zu bekommen von dem, was ihnen gestern begegnet ist und was sie gestern erlebt haben.

Wir müssen nun zunächst ausgehen von den weitaus meisten Fällen, in denen der Mensch nicht in der Lage ist, sich das wieder in Erinnerung zu rufen, was er gestern erlebt hat. Die Beobachtung der Menschen ist eine wirklich im höchsten Maße ungenaue. – Ein Versuch eines Universitätsprofessors mit seinen Hörern hat gezeigt, daß von dreißig Anwesenden nur zwei den Vorgang richtig, die anderen achtundzwanzig dagegen falsch beobachtet hatten. – Ein gutes Gedächtnis ist nun aber das Kind einer treuen Beobachtung. Zur Entwickelung des Gedächtnisses kommt es also gerade darauf an, daß man genau beobachte. Ein gutes Gedächtnis erringt man durch treue Beobachtung, auf einem gewissen seelischen Umwege wird das treue Gedächtnis als Kind einer guten Beobachtung geboren.

Wenn man nun aber das nicht kann, zunächst sich genau erinnern an das, was man gestern erlebt hat, was tut man da? Zunächst versuche man, sich möglichst genau zu erinnern, und wo man sich nicht erinnert, da versuche man nun tatsächlich sich etwas Falsches vorzustellen, nur etwas Ganzes soll es sein. Nehmen wir an, Sie hätten ganz vergessen, ob jemand, der Ihnen begegnet ist, einen braunen oder einen schwarzen Rock angehabt hat, so stellen Sie sich vielleicht vor, er habe einen braunen Rock und braune Beinkleider angehabt; er habe solche und solche Knöpfe an der Weste gehabt, die Halsbinde war gelb – und da war jene Situation, die Wand war gelb, links ist ein großer, rechts ein kleiner Mensch vorbeigegangen und so weiter.

Das, woran man sich erinnert, das stellt man sich hinein in das Bild; nur das, woran man sich nicht erinnern kann, das ergänzt man, um nur im Geiste ein vollständiges Bild zu gewinnen. Das Bild ist ja dann zunächst falsch, aber dadurch, daß Sie sich bemühen, ein vollständiges Bild zu bekommen, dadurch werden Sie angeleitet, von jetzt ab genauer zu beobachten. Und das setzen Sie fort, solche Übungen zu machen. Und wenn Sie das fünfzigmal gemacht haben, so werden Sie das einundfünfzigste Mal ganz genau wissen, wie derjenige, der Ihnen begegnet ist, ausgesehen hat, was er angehabt hat; Sie werden sich genau an alles erinnern, bis auf die Westenknöpfe. Sie werden dann nichts mehr übersehen, und es prägt sich Ihnen jede Einzelheit ein. Sie haben so zuerst

Ihren Beobachtungssinn geschärft durch die Übungen und dann eine Aufbesserung in der Treue Ihres Gedächtnisses als das Kind des Beobachtungssinnes hinzubekommen.

Besonders gut ist, darauf zu sehen, nicht bloß Namen und einzelne Hauptzüge dessen zu behalten, an was man sich erinnern will, sondern möglichst bildhafte Vorstellungen zu erhalten suchen, die sich auf alle Einzelheiten erstrecken; und wenn man sich an etwas nicht erinnern kann, so sucht man das Bild zunächst zu ergänzen, es zu einem Ganzen zu konstruieren. – Dann werden wir bald sehen – wie auf Umwegen scheint es –, daß unser Gedächtnis nach und nach treu wird.

So sehen wir, wie man tatsächlich – wie Handgriffe – angeben kann dasjenige, wodurch der Mensch sein Denken immer praktischer und praktischer machen kann. Besonders wichtig ist noch das Folgende: Der Mensch hat eine gewisse Sehnsucht, wenn er sich etwas überlegt, zu einem Resultat zu kommen. Er überlegt sich, wie er dieses oder jenes machen soll, und er kommt zu diesem oder jenem Resultat. Das ist ein sehr begreiflicher Trieb. Das ist aber nicht dasjenige, was einen zum praktischen Denken führt. Jedes Überhasten im Denken bringt nicht vorwärts, sondern bringt zurück. Man muß Geduld haben in diesen Dingen.

Du sollst zum Beispiel dieses oder jenes ausführen: Du kannst das nun so oder so machen, es liegen verschiedene Möglichkeiten vor. Nun habe man die

Geduld und versuche sich vorzustellen, was da werden würde, wenn man es so ausführte, und versuche sich auch vorzustellen, wie es anders aussehen würde. Nun wird es ja immer Gründe geben, warum man das eine oder das andere vorziehen möchte, aber nun enthalte man sich, sofort einen Entschluß zu fassen, sondern bemühe sich, zwei Möglichkeiten auszumalen und sich dann zu sagen: So, jetzt Schluß, jetzt höre ich auf, über die Sache nachzudenken.

Es wird Menschen geben, die werden zapplig werden dabei; und es ist dann schwierig, die Zappligkeit zu überwinden, aber es ist ungeheuer nützlich, sie zu überwinden und sich zu sagen: Es geht so und es geht so, und nun denke ich eine Weile nicht daran. Wenn man kann, so hebe man die Sache, das Handeln bis zum nächsten Tage auf und halte sich dann die zwei Möglichkeiten wieder vor, und man wird finden, daß die Dinge sich mittlerweile verändert haben, daß wir am nächsten Tage anders, gründlicher wenigstens uns entscheiden, als wir am Vortage uns entschieden hätten. Die Dinge haben eine innere Notwendigkeit in sich, und wenn wir nicht ungeduldig willkürlich handeln, sondern diese innere Notwendigkeit arbeiten lassen in uns – und sie wird in uns arbeiten –, so wird sie unser Denken bereichert erscheinen lassen am nächsten Tage und uns eine richtigere Entscheidung ermöglichen. Das ist ungeheuer nützlich!

Man wird zum Beispiel um Rat gefragt über dieses oder jenes, man hat irgend etwas zu entscheiden. Da habe man die Geduld, nicht gleich hineinzuplatzen mit seinen Entscheidungen, sondern sich zunächst verschiedene Möglichkeiten vorzulegen und bei sich selbst keine Entscheidung darüber zu treffen, sondern ruhig die Möglichkeiten walten zu lassen. Man sagt ja auch im Volksmunde, man müsse eine Sache beschlafen, ehe man sie entscheide. Das Beschlafen allein tut es aber nicht. Es ist notwendig, zwei oder besser mehrere Möglichkeiten zu bedenken, die dann in einem fortarbeiten, wenn man sozusagen nicht mit seinem bewußten Ich dabei ist, und dann später wieder auf die Sache zurückzukommen. Man wird sehen, daß man auf diese Weise innere Denkkräfte rege macht und das Denken dadurch immer sachgemäßer und praktischer wird.

Und was der Mensch auch immer ist in der Welt, ob er am Schraubstock oder hinter dem Pflug steht oder ob er einer der sogenannten bevorzugten Berufsklassen angehört –, über die alleralltäglichsten Dinge wird er ein praktischer Denker werden, wenn er diese Dinge übt. So übend greift und sieht er die Dinge in der Welt ganz anders an. Und so innerlich sich diese Übungen zuerst auch ansehen, sie taugen gerade für die Außenwelt, sie tragen gerade für die Außenwelt die denkbar größte Bedeutung in sich; sie haben wichtige Folgen.

Ich will Ihnen an einem Beispiel zeigen, wie notwendig es ist, wirklich praktisch über die Dinge zu denken: Irgend jemand ist auf einer Leiter hinaufgestiegen auf einen Baum und hat da irgend etwas gemacht; er fällt herunter, schlägt auf und ist tot. Nun, nicht wahr, es ist ein naheliegender Gedanke, daß der sich da durch den Fall totgeschlagen hat. Man wird sagen, daß der Fall die Ursache, der Tod die Wirkung war. Da scheinen Ursache und Wirkung zusammenzuhängen. Darinnen können nun greuliche Verwechslungen vorliegen. – Es kann den da oben ein Herzschlag getroffen haben, so daß er infolge des Herzschlages heruntergefallen ist. Es ist genau dasselbe eingetroffen, wie wenn er lebendig heruntergefallen wäre, er hat dieselben Dinge durchgemacht, die wirklich seine Todesursache hätten sein können. – So kann man Ursache und Wirkung vollständig verwechseln. Hier in diesem Beispiel ist es auffällig; oft aber ist es nicht so auffällig, was man verfehlt hat. Solche Denkfehler kommen ungeheuer häufig vor, ja es muß gesagt werden, daß in der Wissenschaft heute tagtäglich solche Urteile gefällt werden, wo wirklich in einer solchen Art Ursache und Wirkung verwechselt werden. Das begreifen die Menschen nur nicht, weil sie sich nicht die Denkmöglichkeiten vorhalten.

Ein Beispiel soll noch gegeben werden, das Ihnen ganz anschaulich machen kann, wie solche Denkfehler zustande kommen, und das Ihnen zeigt, daß sie einem Menschen, der solche Übungen gemacht hat, wie sie heute angegeben wurden, nicht mehr passieren werden. Nehmen Sie folgendes an: Ein Gelehrter sagt sich, daß der Mensch, wie er heute ist, vom Affen abstammt; also: das, was ich in den Affen kennenlerne, die Kräfte im Affen, die vervollkommnen sich, und daraus wird dann der Mensch. – Nun, um jetzt die Gedankenbedeutung der Sache darzutun, wollen wir einmal folgende Voraussetzung machen: Denken wir einmal, der Mensch, der diesen Schluß anstellen soll, der wäre durch irgendeinen Umstand ganz allein auf die Erde versetzt. Außer ihm wären nur diejenigen Affen da, von denen seine Theorie sagt, daß Menschen aus ihnen entstehen können. Er studiert nun diese Affen ganz genau, er bildet sich bis in die Einzelheiten einen Begriff von dem, was da ist in den Affen. Nun soll er versuchen, aus dem Begriff des Affen den Begriff des Menschen entstehen zu lassen, wenn er noch nie einen Menschen gesehen hat. Er wird sehen, daß er das nie zustande bringt: Sein Begriff «Affe» verwandelt sich nie in den Begriff des Menschen.

Wenn er richtige Denkgewohnheiten hätte, so müßte er sich sagen: Also, mein Begriff, der wandelt sich in mir nicht so um, daß aus dem Affenbegriff der Menschenbegriff wird, also kann dasjenige, was ich sehe im Affen, nicht zum Menschen werden, denn sonst müßte mein Begriff auch übergehen. Es muß also noch etwas hinzukommen, was ich nicht sehen kann. – Dieser Mensch also müßte hinter dem sinnlichen Affen etwas Übersinnliches sehen, was er nicht wahrnehmen kann, was dann erst zum Menschen übergehen könnte.

Wir wollen auf die Unmöglichkeit der Sache nicht eingehen, sondern nur den Denkfehler zeigen, der hinter jener Theorie liegt. Wenn der Mensch richtig denken würde, so würde er darauf geführt werden, daß er nicht so denken darf, wenn er nicht etwas Übersinnliches voraussetzen will. Wenn Sie über die Sache nachdenken, so werden Sie schon sehen, daß hier von einer ganzen Reihe von Menschen ein überwältigender Denkfehler gemacht worden ist. Solche Fehler werden nicht mehr gemacht werden von dem, der in der angegebenen Weise sein Denken schult.

Ein großer Teil unserer ganzen heutigen Literatur, besonders auch der naturwissenschaftlichen, wird für den, der wirklich richtig zu denken vermag, durch solche krummen, verkehrten Gedanken eine Quelle von Wirkungen bis zu physischen Schmerzen, wenn er sich durch sie hindurchlesen muß. – Es soll dadurch absolut nichts gesagt werden gegen die ungeheure Summe von Beobachtungen, die durch diese Naturwissenschaft und ihre objektiven Methoden gewonnen worden ist.

Nun kommen wir auf ein Kapitel, das zusammenhängt mit der Kurzsichtigkeit des Denkens. Es ist wirklich so, daß der Mensch gewöhnlich nicht weiß, daß sein Denken gar nicht sehr sachgemäß, sondern zum größten Teil nur eine Folge von Denkgewohnheiten ist. So werden denn auch die Urteile für den, der die Welt und das Leben durchschaut, sich ganz anders gestalten als für den, der diese nicht oder nur wenig durchschaut, zum Beispiel für einen materialistischen Denker. – Durch Gründe so jemanden zu überzeugen, wenn sie auch noch so gediegen und noch so gut sind, das geht nicht leicht. Denjenigen, der das Leben wenig kennt, durch Gründe zu überzeugen suchen, ist oft vergebliche Mühe, weil er ja gar nicht die Gründe einsieht, aus denen dieses oder jenes behauptet werden kann. Wenn er sich angewöhnt hat, in allem zum Beispiel nur Materie zu sehen, so haftet er eben an dieser Denkgewohnheit.

Es sind heute im allgemeinen nicht die Gründe, die jemanden zu Behauptungen führen, sondern hinter den Gründen sind es die Denkgewohnheiten, die er sich angeeignet hat und die sein ganzes Fühlen und Empfinden beeinflussen. Wenn er Gründe vorbringt, da stellt sich nur vor sein Fühlen und Empfinden die Maske des gewohnten Denkens. So ist oft nicht nur der Wunsch der Vater des Gedankens, sondern es sind alle Gefühle und Denkgewohnheiten die Eltern der Gedanken. Derjenige, der das Leben kennt, weiß, wie wenig durch logische Gründe jemand zu überzeugen ist im Leben. Da entscheidet viel Tieferes in der Seele als die logischen Gründe.

Wenn wir zum Beispiel unsere anthroposophische Bewegung haben, so hat es gewiß seine guten Gründe, daß wir sie haben und daß sie arbeitet in ihren Zweigen. Jeder merkt dadurch, daß er eine Zeitlang mitarbeitet an der Bewegung, daß er sich ein anderes Denken, Fühlen und Empfinden angeeignet hat. Denn durch das Arbeiten in den Zweigen beschäftigt man sich nicht bloß damit, die logischen Gründe zu finden für etwas, sondern ein umfassenderes Fühlen und Empfinden eignet man sich an.

Wie spottete unter Umständen vor ein paar Jahren ein Mensch, der zum ersten Male einen geisteswissenschaftlichen Vortrag hörte – und heute, wieviel Dinge sind ihm nun durchaus klar und durchsichtig, die er vielleicht vor einiger Zeit noch für etwas höchst Absurdes gehalten hätte! Wir wandeln, indem wir an der anthroposophischen Bewegung mitarbeiten, nicht bloß unsere Gedanken um, sondern wir lernen, unsere ganze Seele in eine weitere Perspektive hineinzubringen. Wir müssen uns klar darüber sein, daß die Färbung unserer Gedanken aus viel tieferen Untergründen herauskommt, als man gewöhnlich meint. Es sind gewisse Empfindungen, gewisse Gefühle, die dem Menschen eine Meinung aufdrängen. Die logischen Gründe sind oft nur eine Verbrämung, sind nur die Masken für Gefühle, Empfindungen und Denkgewohnheiten.

Sich dahin zu bringen, daß einem die logischen Gründe etwas bedeuten, dazu gehört, daß man die Logik selbst lieben lernt. Erst wenn man die Objektivität, das Sachgemäße lieben lernt, werden die logischen Gründe entscheidend werden. Man lernt allmählich, sozusagen unabhängig von der Vorliebe für diesen oder jenen Gedanken, objektiv denken, und dann erweitert sich der Blick, und man wird praktisch; nicht so praktisch, daß man nur in ausgefahrenen Bahnen weiter urteilen kann, sondern so, daß man aus den Dingen heraus denken lernt.

Wirkliche Praxis ist ein Kind des sachgemäßen Denkens, des aus den Dingen herausfließenden Denkens. Wir lernen erst, uns von den Dingen anregen zu lassen, wenn wir solche Übungen machen; und zwar an gesunden Dingen müssen solche Übungen gemacht werden. Das sind solche Dinge, an denen die menschliche Kultur möglichst wenig Anteil hat, die am wenigsten verkehrt sind: an Naturobjekten. Und an Naturobjekten so üben, wie wir das heute beschrieben haben, das macht uns zu praktischen Denkern. Das ist wirklich praktisch. Die alleralltäglichste Beschäftigung wird praktisch angegriffen werden, wenn wir das Grundelement schulen: das Denken. Indem wir die menschliche Seele so üben, wie das ausgeführt worden ist, bildet sich praktische Denkorientierung.

Es muß die Frucht der geisteswissenschaftlichen Bewegung sein, daß sie wirklich Praktiker ins Leben stellt. Es ist nicht so wichtig, daß der Mensch dieses oder jenes für wahr halten kann, sondern daß er es dahin bringe, die Dinge richtig zu überschauen. Viel wichtiger ist die Art und Weise, wie Anthroposophie eindringt in unsere Seele und uns anleitet zur Tätigkeit unserer Seele und unseren Blick erweitert, als daß wir bloß über die sinnlichen Dinge hinaus- und ins Geistige hineintheoretisieren. Darin ist die Anthroposophie etwas wahrhaft Praktisches.

Das ist eine wichtige Mission der anthroposophischen Bewegung, daß durch sie des Menschen Denken in Bewegung gebracht wird, so geschult wird, daß er denkt, daß der Geist hinter den Dingen steht. Wenn die anthroposophische Bewegung diese Gesinnung entfacht, dann wird sie eine Kultur begründen, aus der nie ein solches Denken hervorgehen wird, daß die Leute von innen den Wagen anschieben wollen. Das fließt ganz von selbst in die Seele hinein. Wenn die Seele gelernt hat, über die großen Tatsachen des Lebens zu denken, dann denkt sie auch über den Suppenlöffel richtig. Und nicht nur in bezug auf das, was den Suppenlöffel betrifft, werden die Menschen praktischer werden, sie werden auch lernen, einen Nagel praktischer einzuschlagen, ein Bild praktischer aufzuhängen, als sie das sonst getan hätten. Das ist von großer Bedeutung, daß wir das seelisch-geistige Leben als ein Ganzes betrachten lernen und daß wir durch solche Anschauung alles praktischer und praktischer gestalten lernen.

II.
DIE PRAKTISCHE
AUSBILDUNG DES
DENKENS

Berlin, 11. Februar 1909

Die anthroposophische Geisteswissenschaft, welche hier in diesen Vorträgen, natürlich nur stückweise, zur Darstellung kommen soll, wird wohl von sehr vielen Menschen, die sie nicht kennen oder nicht kennen wollen, als ein Gebiet angesehen für Träumer, Phantasten und solche Menschen, die eigentlich, wie man so leicht sagt, im wirklichen, im praktischen Leben nicht drinnenstehen. Allerdings, wer oberflächlich aus dieser oder jener Broschüre oder aus einem einzelnen Vortrage sich spärlich unterrichten will über den Inhalt und das Ziel der Geisteswissenschaft, der wird leicht zu einem solchen Urteile kommen können, insbesondere wenn er ausgerüstet ist mit dem geringen Willen, in die geistigen Welten einzudringen, der ja heute so reichlich vorhanden ist, oder wenn er ausgerüstet ist mit den Suggestionen, die heute so zahlreich gegen dieses Gebiet vorhanden sind. Und kommt dann noch bewußt oder unbewußt böser Wille dazu, dann ist leicht das Urteil fertig: Ach, diese Geisteswissenschaft hat es ja zu tun mit

Dingen mit denen sich der praktische Mensch nicht abgeben soll, um die er sich nicht kümmern soll!

Die Geisteswissenschaft selbst aber fühlt sich innig verwandt mit den allerpraktischsten Gebieten des Lebens, und wo sie recht betrieben wird, da legt sie den allergrößten Wert darauf, daß das Praktischste, das praktische Denken, eine besondere Ausbildung erfahre. Anthroposophische Geisteswissenschaft will nicht etwas sein, das irgendwo weltenferne im Wolkenkuckucksheim schwebt und den Menschen abzieht vom täglichen Leben, sondern sie soll etwas sein, was uns jeden Augenblick dienen kann bei allem, was wir denken, tun und fühlen. Zweitens aber ist sie durchaus eine Vorbereitung zu jenen Stufen hinauf, durch die der Mensch selbst eindringt in die höheren Welten. Es ist oft betont worden, daß Geisteswissenschaft nicht nur für den einen Wert habe, der selber schon geöffnete Augen habe, um einzudringen in die geistige Welt, sondern daß der gesunde Verstand genügt, um einzudringen in die Mitteilungen von den geistigen Welten, und daß diese Mitteilungen für den Menschen einen unendlichen Wert haben lange, bevor er eindringen kann in die geistigen Welten. Dennoch ist Geisteswissenschaft für jeden eine Vorbereitung, später selbst hineinzudringen in die höheren Welten.

Wir haben zum Teil schon gesprochen, zum Teil werden wir noch zu sprechen haben von den verschiedenen Methoden und Verrichtungen, die der Mensch vorzunehmen hat, um hinaufzudringen in die geistigen Welten. Aber da ist immer unbedingte

Voraussetzung dabei: Wer hinaufdringen will in die geistigen Welten, wer die genau angegebenen Methoden der Geisteswissenschaft auf sich anwenden will, der sollte nie den Gang in die höheren Gebiete des Lebens wagen, ohne auf dem Grunde eines gesunden, eines praktisch ausgebildeten Denkens zu stehen. Dieses gesunde Denken ist der Führer, das wahre Leitmotiv, um hineinzudringen in die geistigen Welten. Und am besten gelangt hinein durch die Methoden der Geisteswissenschaft, wer es nicht verschmäht, sich streng zu erziehen zu einem an die Wirklichkeit und ihre Gesetze gebundenen Denken. Allerdings, wenn man vom wirklichen praktischen Denken spricht, kommt man leicht in Gegensatz zu dem, was sich in unserer Welt Praxis und auch wohl Denkpraxis nennt. Um diese zu charakterisieren, braucht man nur an etwas zu erinnern, was hier schon oft angedeutet ist. Was ist die Praxis, von der heute die praktischen Menschen reden? Irgend jemand wird in die Lehre zu irgendeinem Meister gegeben. Da lernt er alle Maßnahmen, die seit Jahrzehnten oder seit Jahrhunderten vorgenommen sind, und je weniger er dabei denkt, je mehr er in den ausgelaufenen Bahnen geht, desto praktischer findet ihn die Welt. Man findet oftmals das unpraktisch, was von alledem, was man seit langer Zeit treibt, irgendwie abweicht. Das Aufrechterhalten einer solchen Praxis ist einfach an die Brutalität, an die Gewalt gebunden, nicht an die Vernunft. Wer an irgendeiner ausschlaggebenden Stelle steht, der dringt durchaus darauf, daß alle andern ebenso vorgehen wie er, und wenn er die Macht hat, drängt er alle hinaus, die anders vorgehen wollen.

Dann kommt das heraus, was ähnlich ist wie der Fall, der hier schon öfter angeführt worden ist. Ein großer Fortschritt sollte eingeführt werden, die Eisenbahn von Fürth nach Nürnberg. Da sollte auch ein eminent praktisches Kollegium, das bayrische Medizinalkollegium, sein Urteil abgeben, und das Urteil war: Nicht bauen, denn die Nerven werden durchaus ruiniert; und wenn man schon Eisenbahnen bauen wolle, so müsse man sie links und rechts mit hohen Wänden umgeben, damit vorübergehende Menschen keine Gehirnerschütterung bekämen. Das ist 1835 geschehen, also gar noch nicht so lange her. Ob die Praktiker auf demselben Gebiete auch heute noch als Praktiker aufgefaßt würden, ist ja die Frage.

Ein anderes Beispiel, das uns so recht zeigen kann, ob die Fortschritte von denen ausgehen, die sich im Leben Praktiker nennen, oder von anderen Leuten. Sie finden es sicher sehr praktisch, daß man heute nicht mehr mit jedem Brief zur Post gehen und daß hier aus einem Reisebuche erst das Porto nach der Entfernung bestimmt werden muß. Erst in den vierziger Jahren des neunzehnten Jahrhunderts wurde das einheitliche Briefporto in England erfunden. Aber nicht ein Praktiker des Postwesens hat es erfunden, sondern ein solcher hat, als die Sache im Parlamente beschlossen werden sollte, gesagt, erstens glaube er nicht, daß sich ein solcher Vorteil ergeben würde, wie Hill da herausrechne, sondern man müßte dann ja das Postgebäude noch vergrößern. Er konnte sich nicht denken, daß das Postgebäude sich nach dem Verkehr und nicht umgekehrt der Verkehr sich nach dem Postgebäude richtet. Und als die erste Bahn von Berlin nach Potsdam gebaut werden konnte, da sagte ein Praktiker, nämlich der, welcher seit Jahren zwei Postkutschen nach Potsdam fahren ließ: Wenn die Leute ihr Geld durchaus aus dem Fenster werfen wollten, dann könnte man die Bahn ja bauen.

Also die sogenannten Praktiker waren durchaus nicht die praktischen Menschen, wenn die großen Dinge des Lebens in Betracht kamen. Daher kann man in Gegensatz zu den Praktikern kommen, wenn man von der praktischen Ausbildung des Denkens spricht. Dem unbefangenen Beobachter bietet sich auf allen Gebieten des Lebens etwas dar, was einem zeigen kann, wie es mit der wahren Praxis im Leben steht. Was praktisches Denken zum Beispiel verhindern kann, trat mir einst an einem ganz anschaulichen Beispiel entgegen. Ein Freund aus meiner Studienzeit kam einmal aufgeregt mit ganz rotem Kopfe zu mir. Er sagte, er müsse gleich zum Professor gehen und ihm mitteilen, daß er eine große Erfindung gemacht habe. Er kam dann zurück und sagte, er könne den Fachmann erst in einer Stunde sprechen, und dann entwickelte er mir seine Erfindung. Es war eine Einrichtung, die darin bestand, daß man mit Aufwendung einer ganz geringen Menge einmal zugeführter Dampfkraft die Maschine in Bewegung setzte, und die Maschine leiste dann fortwährend eine ungeheuere Arbeit. Mein Freund war selbst erstaunt darüber, daß er so klug war, aber die Sache schien zu stimmen. Ich sagte ihm, man solle das Ganze auf einen einfachen Gedanken zurückführen. Ich sagte: «Denke, du ständest in einem Eisenbahnwagen und du versuchtest, ganz fest gegen die Wände des Wagens zu stoßen, um zu sehen, ob der Wagen so fortzuschieben wäre.»

Mir wurde damals klar, daß ein Haupthindernis alles praktischen Denkens mit einem Terminus technicus bezeichnet werden könnte: Man ist ein Wagenschieber von innen! Das heißt, man ist imstande, ein engbegrenztes Gebiet zu überschauen und hier das, was man gelernt hat, anzuwenden; aber man ist durch seine Veranlagung gezwungen, dabei auch stehenzubleiben und nicht zu bedenken, daß das ganze Bild sich wesentlich ändert, wenn man aus dem Wagen heraustritt.

Das ist einer der Grundsätze, die vor allen Dingen bei einer praktischen Ausbildung des Denkens beachtet werden müssen. Eine mit einer gewissen inneren Trägheit des Denkens verbundene Eigentümlichkeit ist, daß das Denken sich gerne einkapselt und das, was draußen ist, vergißt, auch wenn es eng mit dem Betrachteten zusammenhängt. Ich habe Ihnen früher angeführt, daß man die Kant-Laplacesche Theorie wie folgt beweisen will: Einstmals war der Weltennebel da. Dieser kam durch irgendeine Ursache in Rotation; dadurch teilten sich allmählich die einzelnen Planeten des Sonnensystems ab und erhielten die Bewegung, die sie noch heute innehaben. Man macht das sehr deutlich klar an einem Schulexperiment. Man läßt ein Ölkügelchen in einem Gefäße in Wasser schweben. Es wird dann ein Äquator aus einem Kartonblatt ausgeschnitten. Diesen legt man unter das Ölkügelchen. Dann wird eine Nadel durch dieses hindurchgesteckt, gedreht – und es teilen sich in der Äquatorgegend kleine Ölkügelchen ab, wie Planeten, und sie bewegen sich um das größere Kügelchen. Man hat dann in denkerischer Beziehung nur das vergessen, daß man «ein Wagenschieber von innen» ist. Man hat sich selbst vergessen, was ja sonst manchmal recht gut ist; man hat vergessen, daß man selber die Sache gedreht hat. Bei einem Versuch muß man aber alle Dinge, auf die es ankommt, ins Feld führen.

Zuerst muß man den Glauben und das Vertrauen haben an die Wirklichkeit, an die Realität der Gedanken. Aus einem Glase, in dem kein Wasser ist, kann man kein Wasser herausschöpfen; aus einer Welt, in der keine Gedanken sind, kann man keine Gedanken herausholen. Es ist das Absurdeste, anzunehmen, daß alle Gedanken nur in uns selber sich abspielen. Niemand sollte glauben, daß er aus einer Welt, die nicht nach Gedanken gestaltet und geformt ist, irgendeinen Gedanken herausholen könne. Es ist kein Gedanke in unserer Seele, der nicht zuerst draußen in der Welt gewesen ist. Aristoteles hat richtiger als mancher Moderne gesagt: Was der Mensch in seinem

Denken zuletzt findet, das ist in der Welt draußen als erstes vorhanden.

Hat man aber dieses Vertrauen zu dem Bestehen der Gedanken in den Dingen selber, dann wird man einsehen, daß man sich erziehen muß zum Denken an dem Denken, das man immer vor Augen haben muß, an jenem Denken, dem gegenständlichen Denken, das sich so wenig wie möglich absondert von den Dingen. Heinroth tat von Goethe den schönen Ausspruch, daß sein Denken ein gegenständliches sei, ein solches, bei dem die Gedanken nichts anderes ausdrücken, als was in den Dingen selber enthalten ist, und daß in den Dingen nichts anderes gesucht wird als gerade der ideale, der schöpferische Gedanke. Wenn man die Realität der Gedanken einsieht, so wird man einsehen, wie man sich an der Realität erziehen kann zu einem wirklich praktischen, gesunden Denken.

Dreierlei ist da zu beachten: Erstens muß und soll der Mensch Interesse entwickeln für die äußere uns umgebende Wirklichkeit, Interesse in bezug auf den Tatsachensinn und den Gegenstandssinn. Interesse an der Umwelt, das ist das Zauberwort für die Gedankenerziehung. Lust und Liebe an dem, was wir tun, ist das zweite. Und Befriedigung im Nachsinnen, das ist das dritte. Wer das versteht, daß dies die drei Hauptforderungen sind, der wird bald einsehen, was für Forderungen an eine praktische Ausbildung des Denkens zu stellen sind.

Der größte Feind des Denkens ist im Grunde genommen oft das Denken selber. Wenn man nämlich glaubt, nur man selber könne denken und die Dinge hätten nicht Gedanken in sich, so steht man eigentlich der Denkpraxis feindlich gegenüber. Denken wir einmal, ein Mensch hätte sich einige engbegrenzte Vorstellungen gemacht vom Menschen, hätte sich ein paar schablonenhafte schematische Begriffe von den Menschen gemacht. Nun tritt ihm irgendein Mensch entgegen, der annähernd die Eigenschaften hat, die in seine Schablone passen. Dann ist er fertig mit seinem Urteil und glaubt nicht, daß dieser Mensch ihm noch etwas Besonderes sagen kann. Gehen wir an alles heran mit dem Gedanken, daß es uns etwas Besonderes sagen kann, daß wir nicht berechtigt sind, irgend etwas anderes über die Dinge urteilen zu lassen als die Dinge selber, so werden wir bald die Frucht dieses Verhaltens sehen. Der Glaube, daß uns die Dinge viel mehr sagen können, als wir über die Dinge zu sagen vermögen, ist wieder ein solches Zauberideal für die Praxis des Denkens.

Man denke einmal, daß ein Mensch es über sich brächte, folgende beide Grundsätze gelten zu lassen. Er steht der Tatsache gegenüber, daß jemand gerade heute einen Gang da oder dorthin gemacht hat. Nun will sich der Betreffende denkerisch erziehen. Dann ist es gut, wenn er sich fragt: Wie ist diese heutige Handlung aus den Ursachen von gestern, vorgestern und so weiter entstanden? Ich gehe zurück auf das, was nach meinem Denken als Ursache anzusehen ist. Habe ich mir ein solches Ereignis ausgesucht, das ich nachher nachprüfen kann, wo meine Gedanken mit dem, was ich als Ursache erfahren kann, übereinstimmen, so ist das gut. – Es wird aber in den meisten Fällen nicht der Fall sein. Ist es der Fall, dann kann man die falschen Gedanken vergleichen mit dem richtigen Gang der Ereignisse. Dann wird man merken, daß man nach und nach, nach kürzerer oder längerer Zeit, nicht mehr Fehler machen wird, sondern daß man einen Gedanken herausschälen kann aus einer Tatsache, der den objektiven Tatsachen entspricht. Oder man versucht, sich aus dem Ereignis zu konstruieren, was morgen oder in ein paar Stunden aus diesem Ereignis folgen kann. Auch dies wird zunächst nicht stimmen, aber das Denken wird sich bald so hineinleben in die Dinge, daß die Dinge so verlaufen wie die Gedanken, die man sich darüber macht. Verbietet man sich nun noch, abgezogene, abstrakte Gedanken zu bilden, so wird man allmählich fühlen, wie man mit den Dingen zusammenwächst.

Es gibt Leute, die mit einem gewissen Instinkt hingedrängt werden zu einem solchen Denken, so zum Beispiel Goethe. Sein Denken war nicht im Kopfe, sondern in den Dingen. Goethe, der einmal Advokat gewesen ist, hat nicht viel von den Gesetzen gewußt; aber ein sicherer Instinkt sagte ihm, was man in den einzelnen Fällen vornehmen muß. Es gab kein langes Nachschlagen und Durchstudieren von Akten, wenn wieder ein Fall von neuem vorgenommen werden mußte. Wenn einmal alle Ministerakte Goethes veröffentlicht werden, dann wird die Welt erst sehen, wie Goethe eine eminent praktische Natur war, kein weltfremder Mensch. So war er bei einer Rekrutenaushebung, beobachtete da alles, was vorging – und dabei schrieb er die *Iphigenie*! Vergleichen Sie damit, durch was alles ein heutiger Dichter bei der Arbeit nicht gestört werden darf. Und doch war Goethe ein viel größerer Dichter als alle, die heute nicht gestört werden dürfen. Wegen des eminent praktischen Denkens konnte er zum Beispiel auch sagen, wenn er ans Fenster trat: Heute können wir nicht hinausgehen, denn in drei Stunden wird es regnen. – Er hatte Wolkenstudien gemacht, aber keine grobe Theorie aufgestellt. Das hängt allerdings mit einer gewissen Selbstlosigkeit zusammen. Wer zunächst nur an sich denkt, wird es nicht weit bringen. Wer hinterher gleich ausruft, wenn er etwas verglichen hat: Aha, hatte ich's nicht gesagt! –, der wird es nicht weit bringen. Das gedankenvolle Haften an den Dingen ist das erste, so daß man in den Dingen selber denkt.

Das zweite ist Lust und Liebe an dem, was man tut. Sie sind nur dann in wirklichem Sinne vorhanden, wenn es auf den Erfolg nicht ankommt. Wem es nur auf den Erfolg ankommt, der kann nicht diese Ruhe entwickeln, die nötig ist, damit Lust und Liebe uns allmählich inspirieren können. Bei nichts lernt man mehr, als wenn man sich mit etwas beschäftigt, nur weil es einem Freude macht. Wenn wir nicht imstande sind, uns an den Mißerfolgen ebenso zu freuen wie an den Erfolgen, so können wir uns niemals von den Dingen die Gedanken sagen lassen, die in ihnen liegen.

Drittens müssen wir Befriedigung finden in dem Denken selber. Das wird heute am meisten bekämpft. Man hört heute so viel sagen: Was brauchen unsere Kinder das und das zu lernen? Das haben sie ja im Leben nicht nötig. Das ist der allerunpraktischste Grundsatz. Es muß Gebiete geben für den Menschen, wo die bloße denkerische Tätigkeit ihm Befriedigung gewährt, ohne daß er erwartet, ob das Denken zu einem Erfolge führen wird. Was der Mensch auch für einen Beruf hat: wenn er nicht Zeit findet, wenn auch nur ganz kurz, irgend etwas zu tun, was er rein denkerisch betreibt und was ihn denkerisch befriedigt, wenn er ein solches Gebiet nicht findet, so kann er immer nur in ausgetretenen Geleisen bleiben. Findet er aber so etwas, dann hat er etwas, das eine große, starke Wirkung auf ihn ausübt, etwas, das in die feinere Organisation seines Organismus hineinwirkt. Niemals schöpferisch-bildend wirken die Dinge, die uns an den Leib fesseln. Die nutzen unsere Fähigkeiten ab. Die Dinge, die wir nur zu unserer eigenen denkerischen Befriedigung treiben, die schaffen uns Lebenskräfte, die gehen bis in die feinste Organisation unseres Organismus und erhöhen unsere Bildung. Durch das, was wir in uns zu unserer Befriedigung arbeiten, schaffen wir etwas, durch das wir weiterkommen in der Welt. Wenn wir damit dann an das praktische Leben herantreten, so wird sich zeigen, daß das richtig ist. Bleibt man gefesselt an die Lebenspraxis, so macht sie immer denselben Eindruck, und man hat nicht die Freiheit, Initiative zu entwikkeln. Bildet man sich aber höher durch eine solche freie denkerische Tätigkeit, dann steht man sozusagen als zwei Wesen einem solchen Eindruck gegenüber. Daher gibt es zwar Zeitverlust, wenn man so etwas treibt, was der Lebenspraxis nicht unmittelbar angehört, mittelbar fördert es aber die Lebenspraxis durchaus.

Das sind die drei Grundgesetze für die Ausbildung des Denkens. Sehen Sie, wie schön einer der Menschen, die in außerordentlich scharfsinniger Weise in die Zusammenhänge des Lebens hineingeschaut haben, Leonardo da Vinci, das gewußt hat. Er beschreibt genau, wie man verfahren müsse, wenn man Lust und Liebe an der Arbeit entwickeln will. Das sind solche Dinge, die uns zunächst zeigen, wie wir durch das Vertrauen in den Weltenaufbau hineinwachsen in die denkerische Praxis, aber auch, indem wir an das Denken selber glauben. Der wird viel tun, der systematisch folgendes macht: Er denkt über irgend etwas nach; es kann das Alleralltäglichste sein oder das Allerhöchste. Will man nun rasch eine Lösung finden, so geschieht das meistens nicht durch praktisches Denken. Man soll sich nicht zu viel in die Gedanken hineinmischen. Das ist eine der Hauptforderungen: daß wir die Gedanken in uns wirken lassen, daß wir uns gewöhnen, uns zum Schauplatz für das Wirken unseres Denkens zu machen. Wir können meinen, die Sache lasse sich auf eine bestimmte Weise machen. Aber wir sind keine Dogmatiker. Wir sagen uns daher, es könnte auch so gemacht werden, vielleicht noch auf eine dritte, vierte oder zehnte Art. Man muß so sorgfältig, als ob man gar nicht beteiligt wäre, die Sache vor sich hinmalen. Natürlich geht das nur Dingen gegenüber, die sich so behandeln lassen. Man hat die zehn Lösungen; man führe jede mit Liebe aus, und dann lasse man die Sache liegen. Man darf gar nicht mehr darüber nachdenken, man muß die Gedanken wirken lassen. Man muß sich sagen: Die Gedanken sind Mächte, die in meiner Seele wirken, auch wenn ich nicht dabei bin. Ich warte bis morgen oder übermorgen. Ich mache es dann vielleicht noch ein zweites oder drittes Mal, und jedesmal wird sich die Frage besser lösen lassen. Ich handle dann aus dem Gedanken heraus, daß die Gedanken eine Wirklichkeit sind, die auch fortwirkt, ohne daß ich sozusagen dabei bin.

Wer dieses eine Zeitlang macht, der wird sehen, wie vielseitig sein Denken wird, wie er sich zur Schlagfertigkeit entwickelt. Dann wird man dadurch zusammenwachsen, bis in die alleralltäglichsten Dinge hinein zusammenwachsen mit dem, was geschickt und ungeschickt, was tölpisch und weise ist. Man wird sich niemals so benehmen, wie sich manchmal sogenannte sehr praktische Menschen verhalten. Wenn Sie solche Menschen zum Beispiel auf Reisen sehen, irgendwo, wo sie sich nicht zu Hause fühlen, da nehmen sie sich manchmal recht sonderbar aus. Bis in die Hände herunter, bis in die Art und Weise, wie man etwas anfaßt, wird das wirken. Viel weniger werden Sie Teller und Töpfe fallen lassen als andere.

Praktisches Denken wirkt bis in die Glieder hinein, wenn es täglich und nicht in abstrakter Weise vorgenommen wird.

Das unpraktische Denken zeigt sich gerade am besten da, wo das Denken in der Wissenschaft wirken sollte. Ich habe Ihnen das hypothetische Beispiel aus der Astronomie angeführt. Aber auch in der Gegenwart sind die Wissenschaften manchmal furchtbar unpraktisch. Die Art, wie sich der heutige Mensch über Dinge hermacht, die einen so unendlichen Wert haben, ist manchmal schauderhaft. Mit Mikroskopen beobachtet man heute Pflanzen. Man sieht merkwürdige Gebilde an der Pflanze, die facettenartige Form zeigen wie die Augen von Insekten, bei manchen Pflanzen selbst etwas wie eine Linse. Man beobachtet insektenfressende Pflanzen und so weiter. Das sind wichtige Beobachtungen. Aber man verwechselt das, was im Menschen die Dinge widerspiegelt, mit dem, was man äußerlich an den Pflanzen beobachtet, und wirft ganz konfus durcheinander Pflanzenseele, Tierseele und Menschenseele. Sie können das in vielen populären Schriften lesen. Es soll hier nichts gesagt werden gegen die wunderbaren Beobachtungen, die durch diese populären Schriften in die Welt gebracht werden. Aber die Gedanken sind so, daß es den, der denken kann, eigentlich an das Folgende erinnert: Ich kenne eine Art Wesen, die sehr, sehr kunstreich organisiert ist. Sie hat ein Organ in sich, durch welches kleine Wesen wie mit magnetischer Kraft angezogen und verschlungen werden. Dieser

Gedanke ist ganz derselbe wie der bei den Pflanzenbeobachtungen, aber das Wesen, das ich im Auge habe, ist – die Mausefalle! Sie können genauso gut von einer Beseelung der Mausefalle sprechen wie von der Beseelung der Pflanzen, in dem Sinne, wie dieses Denken es will. Auch hier darf man kein innerer Wagenschieber sein.

Dann gibt es aber noch etwas anderes, außerordentlich Wichtiges: daß man Vertrauen hat zu dem innersten geistigen Denkorgan. Bei den meisten Menschen sorgt ja die Natur dafür, daß die Menschen sozusagen nicht immer dabei sind; der Mensch muß ja schlafen. Da wirkt dieses Denkorgan für sich, und der Mensch kann es nicht fortwährend ruinieren. Aber es kommt doch sehr darauf an, ob der Mensch nur die Natur für sich wirken läßt, oder ob man die Ausbildung in die Hand nimmt. Man sollte einmal, wenn auch noch so kurze Zeit, am Tage sich dazu zwingen, gar nichts zu denken. Es ist viel leichter, diese auf- und abflutenden Gedanken wirken zu lassen, bis man erlöst wird durch den Schlaf, als sich zu zwingen, nichts zu denken. Dann wirkt das Denkorgan so, daß es Kraft sammelt. Und wer sich immer wieder in die Möglichkeit versetzt, nicht zu denken, der wird sehen, wie die Schlagfertigkeit namentlich dadurch wächst, daß er nicht nur den Schlaf auf den Denkapparat wirken läßt, sondern die Führung übernimmt in der Ausbildung dieses Denkorgans.

Nur wer von allen Geistern der Spiritualität verlassen ist, kann glauben, daß dann überhaupt nicht gedacht wird. Hier gilt das Wort, das Goethe von der Natur sagt: «Gedacht hat sie und sinnt beständig.» Auch wenn der Mensch gar nicht dabei ist bei seinem Denken, dann denkt etwas in ihm, dessen er sich nur nicht bewußt ist. In diesen Momenten, wo der Mensch ohne seine eigenen persönlichen Gedanken daliegt, denkt wirklich ein Höheres in ihm. Das Überbewußte in ihm, das Göttliche in ihm läßt der Mensch dann in sich wirken und weben. Es kündet sich nicht unmittelbar an, aber in seinen Wirkungen. Es gehört eine gewisse Tatkraft dazu, um eine solche Denkübung vorzunehmen.

So sehen Sie, wie man das Denken erziehen kann. Heute konnten nur einzelne Beispiele der Selbsterziehung des Denkens gegeben werden, aber diese Beispiele haben gezeigt, daß man auf wirkliche Heilmittel des Denkens hinzuweisen vermag, deren Früchte nur die Erfahrung, das Leben selbst zu geben vermag. Wer so sein Denken schult, der wird finden, daß er auf der einen Seite hinaufsteigen kann in die höchsten Gebiete geistigen Lebens, daß er aber auf der andern Seite auch bei den allerpraktischsten Dingen sein Denken anwenden kann. Das, was beim Überblicken der geistigen Tatsachen gewonnen wird, soll angewandt werden auf das praktische Leben. Alle Gebiete, aber besonders auch die Pädagogik, könnten hierdurch gewinnen. Eine ganz andere Anschauung über Lebenspraxis würde sich ringsherum geltend machen. Aber auch der, der hinaufdringen will in die höheren Welten, würde eine sichere Basis haben. Das ist wiederum etwas, was durchaus gefordert werden muß. Und auch die gewöhnliche Wissenschaft würde Ungeheures gewinnen, wenn sie sich anlehnen wollte an die Geisteswissenschaft.

Die Wagenschieber des Denkens haben nicht dieses praktische Denken; ihnen fehlt es. Sie vermögen nicht, irgend etwas zurückzuführen auf einen einfachen, umfassenden Gedanken. Das ist, was die Geisteswissenschaft gibt: sie macht uns fähig, das, was sonst fein ausziseliert ist im Leben, unter großen Gesichtspunkten zu überschauen. Dann wird der Mensch von allen unfruchtbaren Spekulationen abgelenkt, dann wird er zur wirklichen Lebenspraxis geführt. Sehen wir Leonardo da Vinci an, den wir zum Vorbild nehmen können. Er sagt: Theorie ist der Kapitän, Praxis sind die Soldaten.

Wer an die Praxis geht ohne das beherrschende Denken, gleicht dem, der sich auf ein Schiff begibt ohne Kompaß, ohne die Möglichkeit, das Schiff zu steuern. Goethe hat darauf hingewiesen, wie gerade die Wissenschaft durch unpraktisches Denken zu unfruchtbaren Gedanken kommt. Da gibt es Leute, welche die Außenwelt auf Atome, und andere, die sie auf Bewegungen zurückführen; andere leugnen wieder die Bewegung. Demgegenüber weisen die praktischsten Denker darauf hin, daß Einfachheit aus der Größe der Weltanschauung kommt. Er ist durchaus treffend, der Ausspruch, und wir können auch den Goetheschen Spruch uns vor Augen stellen:

Es mag sich Feindliches eräugnen,
Du bleibe ruhig, bleibe stumm;
Und wenn sie dir die Bewegung leugnen,
Geh ihnen vor der Nas' herum.[8]

III.
DIE PRAKTISCHE
AUSBILDUNG DES
DENKENS

Nürnberg, 13. Februar 1909

Wer sich obenhin und oberflächlich unterrichtet aus dieser oder jener Broschüre über das, was Geisteswissenschaft oder Theosophie will, was sie sich als ihr Ziel stellt, der kann leicht zu einem Urteil gelangen, zu dem zweifellos viele unserer Zeitgenossen, die auf diese Art von Theosophie hören, kommen, zu dem Urteile: was hat denn eigentlich gerade diese Geisteswissenschaft oder Theosophie zu sagen über die praktische Ausbildung des Denkens? Denn viele bilden sich ja durch solche oberflächliche Bekanntschaft die Meinung, Geisteswissenschaft oder Theosophie sei etwas im Wolkenkuckucksheim Schwebendes, Weltenfremdes und Weltenfernes, das die Menschen abziehe von der wahren, echten Praxis des Lebens, und sie könne daher am allerwenigsten etwas sagen über die Forderungen des praktischen Denkens, das doch eigentlich verknüpft sein soll mit den Forderungen des praktischen Lebens.

Wer sich freilich etwas tiefer einläßt auf das, was Geisteswissenschaft oder Theosophie ihrem Wesen nach ist, der wird zu einem anderen Urteile kommen und wird namentlich erkennen, daß sie aus zwei Gründen gerade berufen ist, auch über das Denken als eine praktische Lebensaufgabe einiges zu sagen. Der erste Grund ist der, daß Theosophie oder Geisteswissenschaft gar nicht unpraktische, lebensfremde und lebensfeindliche Menschen heranbilden soll, daß sie im Gegenteil in alledem, was sie sein will, hineingreifen kann in das alleralltäglichste Leben, man möchte sagen, in die Handgriffe des stündlichen Lebens, mit denen wir es zu tun haben in der Lebenspraxis. Erst dann ist die Aufgabe von Geisteswissenschaft oder Theosophie richtig erfaßt, wenn sie uns durchdringt bis in alle unsere einzelnen Verrichtungen, wenn sie uns sozusagen nicht nur weise macht, nicht nur belehrt über die höchsten Aufgaben und Rätsel des Daseins, sondern wenn sie uns geschickt, praktisch macht für das alleralltäglichste Leben. Das ist der eine Grund. Der andere ist ein solcher, der in engerem Sinne mit der Aufgabe und der Mission der Geisteswissenschaft oder Theosophie zusammenhängt.

Es ist oft auch hier betont worden in dieser Stadt, daß das, was Geisteswissenschaft oder Theosophie zu sagen hat über die höchsten Probleme des Daseins, über die Geheimnisse des Lebens, über die Rätsel des Menschen, was durch sie vorgebracht wird aus den Beobachtungen des hellseherischen Bewußtseins heraus, daß alles das, wenn es vorgebracht wird, verstanden werden kann durch den vorurteilsfreien, gesunden Menschenverstand. Das wurde oftmals gesagt. Geforscht, gesucht werden kann in den höheren Welten nach den Gesetzen und Geheimnissen des Daseins nur von dem, der die in seiner Seele schlummernden Fähigkeiten und Kräfte, das geistige Auge, das geistige Ohr ausgebildet hat. Wenn dann das erzählt wird, was da erforscht ist in den höheren Welten, so kann es von jedem verstanden werden, der sich von diesem Verstehen nur nicht abhalten läßt durch die Vorurteile, die ihm zufließen durch Suggestionen unserer Zeitkultur oder einer anderen Kultur. Wenn also Theosophie so verstanden werden kann, so ist sie für jeden, auf welchem Posten des Lebens er auch stehen mag, nicht nur nützlich sondern notwendig, sie macht ihn sozusagen erst zum wahren Menschen. Sie ist also ein allgemein menschliches Gut, und sie kann und muß auch Interesse haben für den, der sich vielleicht überhaupt sagt: ich komme doch nicht mehr dazu in diesem Leben, selber ein Geistesforscher zu werden, selber mir die Augen öffnen zu lassen, um hineinzuschauen in die geistigen Welten. Das braucht man auch gar nicht, um Geisteswissenschaft oder Theosophie kennenzulernen; aber von gewissen Gesichtspunkten aus ist Geisteswissenschaft oder Theosophie eine Vorbereitung auch für dieses Öffnen der geistigen Augen, der geistigen Erkenntnis- und Wahrnehmungsorgane überhaupt. Sie soll hinaufführen den Menschen in die geistige Welt.

Wer also hinaufdringen will in diese geistigen Welten, wer sich sozusagen das hellseherische Bewußtsein erwerben will, für den ist nicht Schwärmerei, nicht ein überhitzter Enthusiasmus die richtige Grundlage, sondern für den ist das feste Stehen auf dem Boden des Lebens mit seinen beiden Füßen die richtige Grundlage. Man möchte fast sagen, obwohl das grotesk klingt, mit je weniger überhitzter Einbildungskraft und Träumereien und Phantastereien der Mensch an die geistige Forschung herantritt, desto besser ist es. Nicht der Enthusiast, nicht der mit besonders reger Phantasie Begabte, nicht sie sind diejenigen, die eigentlich dem Geistesforscher die liebsten Schüler werden können, sondern diejenigen, die fest auf dem Boden des Lebens stehen. Am liebsten sind ihm die nüchternen Leute, denn die Begeisterung, der Enthusiasmus, die kommen schon aus der Sache selber, wenn die großen Tatsachen des Lebens auf uns einwirken. Dann werden wir schon bis zur poetischen, enthusiastischen Gesinnung erhoben durch die Tatsachen, und das ist das, was gesund ist, und nicht eine durch ein überhitztes Inneres hervorgerufene Begeisterung.

Daher ist gerade ein praktisches Denken, das fest auf dem Boden des Lebens steht, auch eine gute, ja, die allerbeste Vorbedingung für den, der sozusagen hinaufstrebt zum hellseherischen Bewußtsein. Je nüchterner der Mensch ist, je praktischer, desto besser, wenn er erhoben werden soll in die Sphären des hellseherischen Schauens.

Das alles kann Ihnen wohl zeigen, daß einerseits

die Geisteswissenschaft allen Grund hat zu glauben, daß aus ihren Ergebnissen heraus etwas zu sagen ist über die Praxis des Denkens und ihre Ausbildung und daß sie auf der anderen Seite ein tiefgehendes Interesse hat, gerade auf praktisches Denken viel zu geben. Allerdings wird sie deshalb doch recht leicht in Kollision kommen können mit den Leuten, die sich gewöhnlich, namentlich heute, die Lebenspraktiker nennen, mit jenen Lebenspraktikern, die, wenn sie ein paar Worte nur hören von Geisteswissenschaft, sofort von Phantasterei sprechen werden und sagen werden: das ist etwas, was aller Praxis widerspricht. Was aber ist Lebenspraxis für diese Praktiker, für diejenigen, die so hochmütig sind aufgrund ihrer Lebenspraxis, die sich so viel einbilden auf ihre Lebenspraxis, die alles abweisen, was nicht ganz schablonenmäßig in ihre Lebenspraxis hineinpaßt? Das ist für den, der das Leben zu beobachten vermag, so, daß diese Menschen womöglich früh daran gewöhnt werden, ausgetretene Geleise zu gehen, um ja nicht herauszutreten aus den gewohnten Handgriffen. Widrigenfalls, wenn man heraustreten wollte, setzt man sich der Gefahr aus, ausgestoßen zu werden aus den Sphären, in die man aufgenommen werden will; das ist die gewöhnliche Lebenspraxis, daß man nur fortwurstelt in der Weise, wie es überall geworden ist.

Für den, der das Leben beobachten kann, setzt sich diese Praxis zusammen aus Kurzsichtigkeit, Gewohnheit, Intoleranz, immer mit gewissen Zusätzen – das wird dem Seelenkenner sehr bald bemerkbar sein – von Brutalität. Die ist nötig, damit alles niedergetreten werden kann, was sich nicht einfügen will in diese dogmatische Lebenspraxis. Da kommt es aber auch zu ganz sonderbaren Dingen.

Am besten kann man sich das an Beispielen klarmachen, von denen manche schon hier erwähnt worden sind. Wir wollen uns heute eines dieser Beispiele vor die Seele rücken, um uns daran die gewöhnliche Lebenspraxis vorzuhalten. Wer wird es heute nicht praktisch finden, daß man nicht mit jedem Briefe zum Postschalter gehen muß und daß ein riesiges Buch aufgeschlagen werden muß, um da nachzusehen, wie weit der Ort liegt, an den der Brief gerichtet ist, und dann danach bestimmt werden muß, bei halben Pfennigen, wieviel man als Porto zu entrichten hat? In den wenigen Fällen, wo man das heute tun muß, kann man schon lernen, wie praktisch es ist, daß man das hat, was man das sogenannte Pfennigporto nennt, die Einheitsmarke, selbst für weite Entfernungen. Das hat es noch nicht gegeben vor ungefähr achtzig Jahren. In den vierziger Jahren des vorigen Jahrhunderts war es noch so, daß man mit einem Briefe zum Postschalter gehen mußte und viele Umstände hatte. Kein Postpraktiker war es, der diese Einheitsmarke erfunden hat, sondern der Engländer Hill, der nicht vom «praktischen» Leben war. Er hat zuerst gesagt, welche Vorteile es haben würde, wenn man das Pfennigporto einführen würde. Das ist kein Märchen. Sie können es nachlesen in den Akten des englischen Parlaments. Derjenige, der der Praktiker war, der hat gesagt: «Ach, was der Hill da ausrechnet, glaube ich ihm nicht; denn solch eine Einrichtung kann sicher unseren Verkehr nicht so heben, wie er angibt. Und selbst, wenn es wahr wäre, dann müßte man dagegen sein, denn dann müßte man das Postgebäude dreimal so groß machen, als es ist.» Das war der Praktiker, während der Unpraktiker gerade diese weltumwälzende Entdeckung des Pfennigportos gemacht hat.

Und ich brauche nur an etwas zu erinnern, was man hier wissen sollte. Als die erste Eisenbahn gebaut werden sollte, wurde ein Medizinal-Kollegium gefragt, ein praktisches, ob man aus hygienischen Gründen Eisenbahnen bauen sollte. Das Dokument kann gelesen werden, es wurde das Urteil abgegeben von den Praktikern – es liegt gar nicht so viel Menschenalter hinter uns –, man solle keine Eisenbahnen bauen, denn – so urteilten die Praktiker – die Leute würden sich ihr Nervensystem zugrunde richten. Wenn man aber doch Eisenbahnen bauen wollte und sich Menschen finden würden, die damit fahren, so müsse man hohe Bretterwände zu beiden Seiten errichten, damit diejenigen, an denen die Bahn vorbeifährt, nicht Gehirnerschütterung kriegen.

Wiederum ein solches Urteil aus der Praxis ist es, wenn der Postmeister Nagler in Potsdam gesagt hat: Ich lasse täglich zwei Postkutschen hinausfahren, in denen niemand sitzt; wie soll in der Bahn dann jemand sitzen?

Das sind lauter Tatsachen aus dem praktischen Leben. Mit einer solchen Anschauung von der Lebenspraxis kann allerdings ein wirklich praktisches Denken in Kollision kommen. Aber diese wirklich praktischen Denker müssen schon einmal etwas tiefer eindringen in das Wesen des eigentlichen Denkens, und da darf ich vielleicht gleich ausgehen von etwas ganz Konkretem. So etwas von recht unpraktischem Denken tritt uns hier entgegen. Während meiner Studentenzeit erlebte ich den Fall von unpraktischem Denken, und zwar mit solcher Stärke, daß sich mir ein Typus ergeben hat von unpraktischen Denkern, die ich nennen möchte «die inneren Wagenschieber», eine Kategorie, in die man viele Menschen in bezug auf ihr Denken einordnen kann.

Und zwar kann ich Ihnen klarmachen, was diese inneren Wagenschieber des Denkens sind. Während meiner Studentenzeit kam ein Kollege an mich heran mit rotem Kopf und sagte: Ich habe jetzt eine wunderbare Erfindung gemacht; ich muß schnell zum Radinger – das war der Fachreferent – und muß ihm meine Erfindung auseinandersetzen. Das ist etwas Weltumwälzendes. – Er ließ sich nicht aufhalten, rannte zum Fachreferenten und kam etwas bedrückt zurück. Er mußte nämlich eine Stunde warten und hatte doch keine Zeit zu verlieren mit seiner weltumwälzenden Erfindung! In dieser Zwischenzeit wollte er mir die Sache erklären. Er fing an. Alles war sehr scharfsinnig. Er erzählte von einer außerordentlich schön ineinanderlaufenden Maschinenkonstruktion und konnte zu gar keinem anderen Resultate kommen, als daß er das Problem gelöst habe: durch möglichst wenig Dampfkraft, die die Maschine zuerst verzehrt, mit Hilfe der mannigfaltigsten Übersetzungen schließlich eine Riesenmenge von Arbeitskraft zu leisten. Ich ließ mir die Sache erklären, und zuletzt sagte ich: Ja sieh, wenn man die Sache auf einen einfachen Gedanken bringt, so ist sie ebenso ausführbar, wie das wichtige Problem, wenn du dich ins Innere eines Eisenbahnwagens stellst und diesen anschiebst. So wahr, wie du diesen vorwärts bringst, so wahr geht diese Maschine. – Er sah die Sache auch gleich ein und ging nicht mehr zum Fachgelehrten.

So wie der Mann damals dachte, so denken nämlich viele Menschen, und deshalb kann man sie nennen die «inneren Wagenschieber». Sie denken in gewissen Zusammenhängen, die ein begrenztes Gebiet darstellen. Das, was darüber hinausgeht, sehen sie nicht. Sie sind im Innern der Sache und finden alles sehr scharfsinnig, wie es im Innern der Sache bestellt sein muß. Aber daß da draußen auch noch etwas sein muß, finden die Leute nicht. Es ist eigentlich so, ohne daß die Menschen es merken und wissen, daß sich die allermeisten im engbegrenzten Kreise bewegen, ohne auch nur hinauszusehen in die Weite und ohne zu wissen, daß man den Widerstand draußen suchen muß, um schieben zu können. Daß man von innen nicht schieben kann, daran denken die Menschen nicht, solange sie nur hantieren im Innern des Wagens, in ihrem eng begrenzten Gebiet. Sie meinen, von dem, was draußen vor sich geht, brauchen sie gar nichts zu wissen. Nur hat die Welt mit diesen Schiebern nicht viel zu tun. Sie kommen nämlich für die Welt nicht weiter, sowenig wie der Wagen, den man von innen schiebt, vorwärtskommt. Aber es kommen auch deshalb viele Menschen nicht weiter, weil sie nach dieser Kategorie in ihrem Denken verfahren.

Das ist das Wichtige, daß wir unser Denken so ausbilden lernen, daß wir hinaussehen über den Wagen. Selbst wenn wir auch die Wissenschaften überblicken, so finden wir sehr häufig innerhalb derselben gerade dieses Element, das Denken des inneren Wagenschiebens. Denn es sieht gewöhnlich – das ist das Charakteristische unserer Wissenschaften – der, der ein gewisses Gebiet bearbeitet, über das Engste nicht hinaus. Auch das konnte ich schon klarmachen. Denken Sie an die Kant-Laplacesche Theorie. Sie ist für viele doch heute noch etwas, woran sie festhalten, wenn sie auch da und dort nicht mehr festgehalten wird. Aber die anderen Theorien sind nicht besser. Diese Theorie, die einen Urnebel annimmt, diesen rotieren läßt, absondern läßt die Ringe und Planeten, sie wird sehr schön veranschaulicht in unseren Schulen, sehr niedlich; man hat da im kleinen die Entstehung eines Weltsystems. Man nimmt eine gewisse Substanz, die auf dem Wasser schwimmt, macht große Tropfen daraus, schneidet ein Kartenblatt rund aus und schiebt es in die Äquatorrichtung hinein. Dann nimmt man eine Stecknadel, steckt sie hinein, bringt den Tropfen zur Drehung. Tröpfchen sondern sich ab und rotieren. Man hat ein schönes, niedliches, kleines Planetensystem; in der Mitte die Sonne und ringsherum die Planeten. Wie könnte man, so meinen die Leute, anschaulicher zeigen, daß wirklich durch so etwas die Sache entstanden sein kann. Man sieht es ja im kleinen entstehen. Das ist ja ein augenscheinlicher Beweis. Das ist recht hübsch. Nur ist das ein inneres Wagenschieber-Denken. Der Experimentator hat nämlich vergessen, daß er da dreht und daß das Niedliche nicht entstehen würde, wenn er nicht drehen würde. Nicht wahr, man braucht natürlich durchaus nicht zu denken, daß ein Riese da draußen steht im Raum, der den Urnebel in Drehung versetzt. Aber man darf nicht die geistigen Untergründe, die demjenigen zugrunde liegen müssen, was sich mechanisch vollzieht, vergessen.

Alles das zeigt Ihnen, wie notwendig es für das äußere Leben und für das Leben in der Wissenschaft ist, daß unser Denken wirklich fest wurzelt in dem Boden der Denkpraxis. Die Geisteswissenschaft selber kann uns nun drei Dinge aufzeigen, die erfüllt werden müssen, wenn wir wirklich unser Denken im praktischen Sinne ausbilden wollen. Und dabei ist es so, daß in der Tat, so wenig es auch anfangs danach aussieht, diese Dinge zur Denkpraxis hinführen, daß der Mensch, der sie anwendet auf sich, schon die Erfahrung macht, wie sein Denken klarer, schärfer, umfassender wird.

Wir werden uns diese drei Stufen der praktischen Gedankenausbildung sogleich vor die Seele führen.

Wir müssen uns aber vorher die Grundbedingung, die man als Gesinnung braucht, wenn man daran denken will, die richtige Stellung zum Denken zu gewinnen, vor Augen führen. Ich habe das Bild schon gebraucht. Niemand sollte glauben, Wasser schöpfen zu können aus einem Glase, in dem keines ist. Diejenigen, die heute über das Denken denken, denken nach diesem Muster. Sie denken nämlich, daß sie Gedanken aus einer Welt gewinnen können, in der keine darinnen sind. Es kommt darauf an zu erkennen, daß unsere in unserer Seele aufleuchtenden Gedanken und Begriffe und Vorstellungen etwas bedeuten, daß sie nicht etwas Wesenloses sind, sondern daß die Welt nach den Gedanken, die wir in ihr finden, wirklich schon aufgebaut ist. Nur eine Welt, die aus den Gedanken entsprungen ist, die wir finden, ist berechtigt, durch Gedanken gedacht zu werden. Derjenige, der eine Uhr ansieht, wird leicht einsehen, daß die Gedanken, die darinnen liegen, der Uhrmacher gehabt hat. Nur wer über die Welt nachdenkt, möchte glauben, daß die Welt nach Gedanken geordnet ist, die erst hinterher vom Menschen ersonnen werden. Er möchte bloß Gedanken gelten lassen, die sich die Seele bildet, und möchte nicht glauben, daß da die Dinge schon gebildet sind nach den Gedanken, die sich der Mensch zuletzt bildet. Aristoteles hat das Wort geprägt: Was der Mensch zuletzt findet in den Dingen, ist zuerst hineingelegt. – Wenn der Mensch zuletzt Gedanken findet, so findet er sie deshalb, weil sie zuerst hineingelegt worden sind in die Dinge. Dann aber, wenn man dies ernst nimmt, gewinnt man vor allen Dingen das, was man nennen könnte: Vertrauen zu einem solchen Denken, das mit der Wirklichkeit im Bunde stehen will. Wenn ich weiß, daß nicht nur da drinnen – wie das materialistische Denken glaubt – gedacht wird, sondern daß alles gedacht ist, was mir entgegentritt, dann werde ich suchen, in den Dingen die Gedanken zu schauen, mich an die Dinge zu halten, wenn ich denken soll.

Ein Psychologe der Goethezeit, Heinroth, hat gerade Goethes Denken – weil Goethe wie durch Veranlagung schon hereingeboren wurde in dieses Leben mit dem Ziele, sich an die Dinge mit dem Denken zu halten, gleichsam in den Dingen zu denken, nicht abstrakt –, Heinroth hat Goethes Denken ein gegenständliches Denken genannt, das sozusagen nur denkt, was in den Gegenständen ist, und das nur solches denkt, was wirklich in die Gegenstände hineinfließen kann. Und Goethe selbst hat das ungeheuer zutreffend gefunden. Wahrhaftig, Goethe hatte diese Anlage, wie wir vielleicht noch genauer sehen werden, gerade in den Dingen zu denken, so daß das Denken nicht abgesondert war von den Dingen, sondern in das Gefüge der Dinge tauchte.

Derjenige, der nicht mit solcher Anlage zur Welt kommt, sondern sich nach und nach dieses praktische, in den Dingen lebende, gegenständliche Denken erwerben muß, der muß dreierlei beachten: Erstens, wir müssen als Mensch, wenn wir praktische Denker werden wollen, ein gewisses Verhältnis zu den Gegenständen und Tatsachen um uns haben, und dieses Verhältnis läßt sich so ausdrücken: wir müssen so viel als möglich trachten, Interesse für die Gegenstände und Tatsachen des Lebens zu haben. Interesse an der Außenwelt, das ist das erste Zaubermittel zur Erlangung eines praktischen Denkens. Das Zweite ist, unsere eigenen Handgriffe, unsere eigenen Betätigungen müssen beherrscht sein von Lust und Liebe. Das Dritte ist, wenn wir für uns selber denken, wenn wir über das Leben hinausgehen und unsere Gedanken in unserem Inneren machen, dann müssen wir vorzugsweise dafür innere Befriedigung haben. Das sind in der Tat die drei Abstufungen, die Zaubermittel allen praktischen Denkens: Interesse an der Umwelt; Lust und Liebe zu allen Verrichtungen; und innere Befriedigung, wie man sagt, an der Reflexion, das heißt an dem Denken, das wir still für uns, abgesondert von den Dingen, verrichten. Aber diese Dinge müssen wir wirklich haben.

Ja, was ist denn aber eigentlich Interesse an den Dingen? Nichts anderes ist das Interesse an den Dingen, als wenn wir gar nicht Anspruch darauf erheben, mit unseren Schablonen, mit unseren vorgefaßten Begriffen an die Dinge heranzutreten, sondern wenn wir geneigt sind, in jedem Augenblicke die Dinge als Individualitäten zu nehmen und uns zu sagen, sie haben uns immer etwas zu sagen. Es scheint wenig gesagt zu sein damit, aber es ist ungeheuer viel damit gesagt, wenn man auf die Lebenspraxis geht. Die meisten kommen an die Menschen und die Dinge ihrer Umgebung mit schablonenhaften Begriffen heran. Und sie sehen sich zum Beispiel den einzelnen Menschen an; aber sie sehen nicht diesen Menschen, sondern nur etwas Oberflächliches und Flüchtiges, und wenn das stimmt zu ihren schablonenhaften Begriffen, dann sind sie fertig. Das führt niemals zur denkerischen Praxis. Man wird sehr schwer verstanden in diesen Dingen. Als ich vor kurzem diesen Vortrag hielt, sagte nachher einer: Ja, ich habe immer die Vorstellung: wenn einer einen dicken, roten Hals hat und auch sonst sehr dick aussieht, dann ist er ein Materialist, das «sagt» mir der Betreffende selber durch sein Aussehen. – Der da redete, hat alles gehört, was gesagt worden ist, hat es aber nicht verstanden. Es ist in dem Fall so gewesen, daß einer sich den dogmenhaften Begriff gebildet hat: wenn er einen solchen Menschen mit einem roten, dicken Hals, der auch sonst dick ist, sieht, so taxiert er ihn so, daß er sagt, das ist ein Materialist, statt einzugehen auf die einzelne Wesenheit und zu denken: sie hat mit etwas zu sagen, sie hat das Geistig-Begriffliche in sich selber, ich muß auf sie eingehen; jeder einzelne kann mir noch etwas sagen.

Das ist das eine. Dann aber handelt es sich nicht bloß darum, für dieses Individuelle sich ein so geartetes Interesse heranzuerziehen, sondern für den Tatsachenverlauf selber. Und da kann man es durch spezielle Übungen sehr weit bringen. Nehmen Sie an, Sie treten einem ganz bestimmten Ereignis, einer bestimmten Tatsache entgegen; Sie beobachten die Tatsache; ein Mensch tut dies oder jenes. Sie fassen das treu auf. Dann bilden Sie sich folgende Gedanken: Wenn das heute geschieht, so will ich mir anhand dieser Tatsache die Vorstellung bilden von dem, was gestern geschehen sein mag als die Voraussetzung zu dem, was heute geschieht. Ich will mir konstruieren im Begriffe, was vorangegangen ist, das heißt, ich verlängere mir die Tatsache nach rückwärts im Begriffe. Und dann gehe ich daran und forsche, wie es gewesen ist. Zuerst wird der Mensch finden, daß er sich geirrt hat, aber nach und nach wird er merken, daß er dadurch, daß er solche Übungen macht, daß er sich nach rückwärts hin die Ursachen bis zu einer gewissen Zeit konstruiert und dann an den Tatsachen sieht, ob sein Denken sich so angelehnt hat, daß es die Wirklichkeit trifft, dann wird er merken, daß er nach einiger Zeit aus den Tatsachen selber heraus denkt, daß sie ihn führen, daß er die richtigen Voraussetzungen trifft.

Man kann es aber auch wohl anders machen, etwa so. Man kann ein Ereignis der Natur oder irgendein Ereignis im menschlichen Leben, das heute geschieht, prüfen, und jetzt bildet man sich im Gedanken konstruktiv, was morgen als Folge dieses Ereignisses geschehen wird. Man wartet ruhig darauf, was wirklich eintritt, und vergleicht es mit dem, was man sich selber ausgedacht hat. Wiederum wird man sehen, daß man sich anfangs sehr irrt. Wenn man sich aber so treu an wirkliche Tatsachen hält und das Vertrauen hat: versenkst du dich in die Tatsachen und läßt das entstehen in deinen Gedanken, was auch in der Wirklichkeit entstehen muß, hältst du dich an das Ereignis und verlangst von dir, daß die Gedanken selbst einen Verlauf nehmen wie die Tatsachen – dann kommst du weiter.

Es sind ungeheuer wirksame Übungen, die man in bezug auf das praktische Denken so anstellen kann. Nun ist aber etwas dabei zu beachten. Es muß in einer gewissen Weise solch eine Übung selbstlos vorgenommen werden, sonst wirkt sie nicht. Das ist Erfahrung. In dem Augenblicke wirkt sie nicht, wo jene Selbstsucht sich hineinmischt, die so ausgedrückt werden kann: wenn der Mensch sich vorstellt, das oder jenes muß geschehen, und wenn das dann tatsächlich geschieht und er dann sagt: Habe ich es nicht gerade so vorausgesagt? – In dieser selbstsüchtigen Freude liegt ein Hindernis dafür, daß die Kraft, die wir ausbilden wollen, wirklich wirkt. Das ist eine Tatsache die jeder, der die Übungen ausführt, selber erfahren kann. Diese Dinge unterliegen geradeso wie die Tatsachen der chemischen Analyse und Synthese gewissen Gesetzen.

So sehen wir, wie der Mensch sozusagen in die Dinge hineinkriechen kann, sich identifizieren kann im Denken mit den Tatsachen. Dann verläuft, was er denkt, im Sinne der Tatsachen. Ich spreche heute für Erwachsene – für Kinder würde es zu weit führen –, nur das sei noch gesagt: Wenn jemand ein wirkliches, an die Außenwelt gebundenes Denken entwickeln will, daß sozusagen das Denken entspricht dem, was draußen vorgeht, so muß er besorgt sein, solche Übungen nicht bloß so zu machen, daß ein Ereignis neben das andere gestellt wird, sondern er muß beachten, daß er ein Gefühl für das Gewicht eines Ereignisses bekommt. Das ist etwas, was zusammenhängt mit der praktischen Ausbildung des Denkens, was aber die wenigsten Menschen heute kennen. Wer beobachtet, weiß, wie wenig die Menschen ein Gefühl dafür haben, daß es einen Unterschied macht, ob der eine eine Sache sagt oder der andere. Die beiden können dasselbe ausdrücken. Durch das aber, als was der eine sich uns darstellt, haben seine Aussagen ein anderes Gewicht als durch das, als was der andere sich uns darstellt. Für das Gewicht der Dinge, die wir erlangen, müssen wir uns vor allen Dingen ein gewisses Gefühl aneignen.

Mit solchen Anlagen war Goethe schon zur Welt gekommen. Er hatte sie ausgebildet in früheren Inkarnationen. Daher wurde er etwas – für den, der die Tatsachen kennt, ist das klar –, was viele, die sich heute praktisch nennen, durchaus nicht sind. Goethe war ja Jurist geworden, hat auch eine praktische juristische Tätigkeit ausgeübt. Diejenigen, die diese Tätigkeit von ihm kennen, wissen, daß sein juristisches Wissen zwar kein sehr umfassendes war, was er aber juristisch geführt hat, was das auszeichnet, ist das Gegenteil von dem, was man heute beobachten kann: Es läuft ein Prozeß, der ist einem Rechtsanwalt übergeben. Man kommt hin, will etwas wissen von ihm. Ja, es ist kein richtiges Besinnen da. Man steckt nicht darinnen. Es werden Aktenbündel aufgeschlagen, es werden Zettel angesehen. Das Unpraktischste kann man da finden. Für viele sind die, an die man sich wenden muß als an die Praktiker, diejenigen, die die Sache so unpraktisch wie nur möglich machen. Goethe war praktisch. Viel gewußt hat er nicht in der Juristerei, aber was er angefaßt hat, hat er angefaßt in der praktischsten Weise. Man darf sich unter solch einem Menschen, wie Goethe es war, nicht einen Menschen vorstellen, der unpraktisch sein muß. Wenn einmal die Akten herausgegeben werden, die Goethe als Minister angelegt hat in Weimar, da wird man sehen, daß er ein Praktiker war.

Man kann bei Goethe auch das noch anführen: Es ist bekannt, daß er seinen Herzog begleitete nach Apolda hinaus und daß er bei der Rekrutenaushebung alles praktisch ausgeführt hat, was da zu tun ist. Und als sie fertig waren, schrieb er an seiner *Iphigenie*, an der er schon in Apolda gearbeitet hat. Nun müssen wir doch sagen, wie viele unserer Dichter würden sich nicht gestört fühlen, wenn sie neben der Niederschrift ihrer glänzenden Ideen noch Rekruten ausheben müßten! Aber ich glaube nicht, daß die *Iphigenie* deswegen schlechter geworden ist als manches zeitgenössische Dichter-Produkt, weil bei der Rekrutenaushebung daran gearbeitet wurde. Aber Goethe hat das eben gemacht, weil er gegenständlich mit seinen Gedanken war, so daß seine Gedanken in den Dingen arbeiteten, nicht abgezogen von den Dingen, nicht spekulativ.

Das zeigt sich dann, wenn Goethe in eminentester Weise jenen Zusammenhang darlegen konnte zwischen seinem Gedankenablauf und dem Ablauf der Dinge draußen. Goethe hat Meteorologie studiert. Die heutigen Meteorologen sehen von oben herab auf den Dilettantismus seiner Witterungskunde; aber die Dinge wurden bei ihm so, daß sie praktische Blickbewegungen waren, Blickbewegungen, die spürten, wenn sie einmal etwas überschauten, was aus einem Ereignis in der nächsten Zeit wird. Oft ist es geschehen, daß Goethe sich an das Fenster stellte, hinaussah und ein kleines Stück Himmel sah und sagte: In drei Stunden regnet es. – Das war eine bessere Vorhersage als manche heutige. Goethe webte in den Dingen darinnen mit seinen Gedanken. Namentlich durch ein Interesse an der Umwelt kann man sich auch künstlich diese Stufe der denkerischen Praxis aneignen.

Ein zweites, was wichtig ist, ist die Lust und Liebe zu dem, was wir tun. Das heißt, wir müssen versuchen, Lust und Liebe zu haben an den Handgriffen selber, gleichgültig, was daraus wird. Dann werden wir ebenso gerne das tun, was etwa verfehlt werden kann, wobei nichts herauskommt, als dasjenige, was zu schönen Resultaten führt. Das ist wirklich Bedingung des praktischen Denkens. Ich habe einen jungen Menschen gekannt, der hat sein praktisches Denken dadurch geübt, daß er sich seine Schulbücher selbst gebunden hat. Er hatte große Freude daran, alle diese verschiedenen Handgriffe zu machen, die man machen muß zum Bücherbinden. Das ist eine bessere Schulung des praktischen Denkens als alles Grübeln und Spintisieren. Die Notwendigkeit, sozusagen jeden Faden, den man einspannt und durchzieht, auf seine Wirkungsfähigkeit zu prüfen, immer achtgeben zu müssen, wie die Finger sich bewegen, das ist wirklich eine gute Vorschule für ein praktisches Denken. Und je mehr man vergebliche Versuche gemacht hat, desto besser für das praktische Denken. Selbst ausgezeichnete Menschen auf dem Gebiete von Theorie und Praxis, wie Leonardo da Vinci, heben das hervor, und sie werden nicht müde, die Einzelheiten zu charakterisieren. Leonardo da Vinci spricht davon, wie man versuchen soll, um eine Vorlage abzuzeichnen, zuerst auf Pauspapier die Vorlage abzuzeichnen; dann legt man die Zeichnung über die Vorlage und prägt sich ein, wo man abgewichen ist. Dann zeichnet man nochmal und wendet auf die Stelle besondere Sorgfalt. Diese einfache Sache war Leonardo da Vinci nicht zu gering, um eine Seite seiner Werke damit zu füllen. Und man kann nach dieser Anweisung auf allen möglichen Gebieten des Lebens versuchen, das Denken zu einem praktischen zu gestalten.

Das Dritte ist die innere Befriedigung an dem abgezogenen Denken. Das müßte eigentlich jeder haben, auf welchem Gebiete des Lebens er auch steht. Wenn er auch ein Geringes an Zeit darauf verwendet, es kommt ihm reichlich wieder herein, selbst in materieller Beziehung. Auf welchem Gebiete des Lebens man auch steht, man soll in die Lage kommen, nachzudenken nicht gerade über das, womit man sich beschäftigt, sondern über fremde Gebiete soll man Augenblicke des Nachdenkens über diese oder jene Frage haben. Solche Minuten des Nachdenkens, in denen man denkt in der Art, daß man nicht verlangt, daß das Denken einfließt in die Außenwelt, die sollen mit innerer Befriedigung erfüllen. Mit dem Auflösen von Fragen, die eigentlich dem nahe stehen, was man denkt in bezug auf das unmittelbar Praktische im Leben, kommt man als Mensch nicht weiter. Worin man zunächst nur innere Befriedigung hat, was man da mit seinen Gedanken ausführt, mit dem kommt man als Mensch weiter. Wenn der Tischler nur nachdenkt über die Herstellung von Tischen und Stühlen, so kommt er als Mensch nicht weiter. Als Mensch kommt man weiter, wenn man das, was innerlich befriedigt, denkt. Das bildet die Denkorgane. Da kommt man als Mensch, und mittelbar auch als Praktiker, weiter. Keiner wird leugnen, daß man anders dem Leben gegenübersteht, wenn man das oder jenes Wesen ist. Es ist ein großer Unterschied, ob ein Hund oder ein Mensch vor der Sixtinischen Madonna steht. Der Mensch steht in einem ganz anderen Verhältnis dazu. Dadurch, daß der Mensch immer in einem bestimmten Gebiet bleibt, kommt er nicht über sich hinaus. Dadurch, daß er sich denkerisch betätigt und Befriedigung hat daran, dadurch kommt er weiter. Durch abgezogene Reflexion, in der er Befriedigung hat, wirkt er auf die Praxis anders als ohne sie, und er wird gerade dadurch hinauswachsen über ein enges

Gebiet. Er wird über den Standpunkt des inneren Wagenschiebers mit einem innerlich befriedigenden Denken, das nichts weiter ist, als was innerliche Befriedigung gewährt und sucht, hinauswachsen.

Hier kann man auch die Gründe finden, warum es unrecht ist, daß immer und immer wieder betont wird von unseren Schulen: Ach, was werden da für Dinge gelehrt, die man nicht anwenden kann im praktischen Leben! – Wenn sie nur ordentlich gelehrt werden, dann sind sie von ungeheurer Bedeutung, diese Dinge, die man nicht unmittelbar anwenden kann. Die Dinge bilden gerade den Menschen um, die man nicht anwenden kann im Leben. Was ausfließt ins Leben, fließt weniger ein in den Menschen selber; was nicht ausfließt ins Leben, bildet die feinen Organe. Das bringt den Menschen weiter. Dadurch wird er selbständiger, dadurch wird er so durchkraftet von der Gärung der Gedanken, daß sie bis in die Glieder gehen. Man kann es sehen, daß der Mensch ein solch innerliches, ihn befriedigendes, nicht unmittelbar auf die Außenwelt bezogenes Denken entfaltet; er wird beweglicher, geschickter in seinen Gliedern.

Nichts kann eine solche Schulung des Denkens ersetzen. Wer Erfahrung in diesen Dingen hat, kann sehr genau unterscheiden zwischen solchen, die die genannten Übungen machen, und solchen, die es nicht tun. Wenn man zum Beispiel auf Reisen ist, kann man genau erkennen die «Praktiker». Diejenigen, die gerade in der Werkstatt praktisch sind, sind manchmal recht täppisch im übrigen. Es wird einem eigentümlich zumute, wenn man sieht, wie die einfachste Fingerbewegung nicht geleistet werden kann, wenn die Situation eine andere ist, als sie gewöhnlich ist. Das ist unmittelbar ein Ausfluß dessen, daß diese «Praktiker» nicht gewöhnt sind, innerlich Gedanken zu entwickeln und Befriedigung daran zu haben. Man muß natürlich nicht etwa das eine tun ohne das andere. Wer nur in Reflexion leben will, wird ein Lebensfeind und Spekulant. Der aber, bei dem sich die beiden Dinge entsprechend die Waagschale halten, wer ruhig auf die Dinge blickt und ruhig reflektiert, der wird sein ganzes Leben durchkraften, man möchte sagen, mit Geschicklichkeit. Er wird zu allem anstellig; er nimmt selbst den Suppenlöffel anders als einer, der nicht ruhig reflektiert. Bis in die Einzelheiten des Lebens geht das; denn Gedanken sind Realitäten. Sie teilen sich dem Materiellen auf allen möglichen Wegen mit. Darauf kommt es an. Auf diese Weise schulen wir unser Denken zur rechten Praxis heran. Wir sehen dann hinaus zu den Fenstern des Wagens, in dem wir sitzen, und sehen die Gesetze, die dadurch gegeben sind, daß der Wagen noch mit der Welt zusammenhängt, und schieben nicht bloß innen. Das ist sehr verbreitet, dieses Schieben im Innern; und gerade in unserer heutigen Zeitkultur, wie sie beeinflußt wird so intim und intensiv von der Naturwissenschaft, da kann der, der sich eingelassen hat auf wirkliche praktische Denkschulung, sehen, wie viel von der bloßen Unpraxis des Denkens abhängt.

Wenn die Menschen eine Ahnung davon hätten,

was praktisches Denken ist, so würden sie schon an dem Unpraktischen des Denkens sehen, daß gewisse Dinge eben falsch sein müssen. Die Tatsachen, die von der Naturwissenschaft erforscht werden, können bewunderungswürdig sein, aber die Schlüsse, die daraus gezogen werden, sind häufig schauderhaft durch das unpraktische Denken dessen, der sie zieht. Wodurch soll heute für viele nachgewiesen werden, daß es eigentlich keine Seele gibt, daß alles, was der Mensch vollbringt, auf rein mechanischen Gesetzen beruht? Ja, da finden Sie noch in einem Abriß der Psychologie – von einem Menschen geschrieben, der großes Ansehen hat – auf den ersten Seiten eine ganz merkwürdige Schlußfolgerung. Wer nur einen Funken hat von Begriff und praktischem Denken, der wird diese sogleich auf ihren wahren Wert zurückführen können. Da steht: In früheren Zeiten hat man gesagt, es gäbe eine selbständige Seele; heute aber ist der Mensch auch eingespannt worden in dies Gespinst von der Erhaltung der Kraft. Da wurde zuerst untersucht, sagt man, an Tieren, daß alles, was man an Nahrung ihnen zuführt, nur umgewandelt wird, und daß das, was sie verrichten, umgewandelte Nahrung ist. Was die Tiere an Kraft erhalten, ist nur umgewandelte Nahrung. Wie sollte da eine selbständige Seele sein, wenn das bloß umgewandelt herauskommt, was man hineingestopft hat? Man hat sich nicht damit begnügt, dies beim Tier zu zeigen, man hat auch beim Menschen versucht zu zeigen, wie das, was man an Kraftwerten der Nahrung in den Menschen hineinsteckt, daß das wieder in anderen Formen herauskommt. Wozu braucht man da eine Seele? An Studenten wurde das probiert. Sehr scharfsinnig sind die Rechnungen, die nachweisen sollen, daß keine Seele darinnen sein kann, daß alles umgesetzte Nahrungskraft ist, was der Mensch denkt und tut. Die Tatsachen sind bewunderungswürdig scharf beobachtet. Die Methoden sind sehr schön ausgedacht, die Instrumente großartig. Die Schlußfolgerungen sind aber die grausigsten, die man sich denken kann. Man braucht den Gedanken nur zurückzuführen auf die einfachsten Elemente, dann wird man dies gleich sehen.

Der Gedanke ist genau nach folgendem Muster aufgebaut. Wir stellen uns bei einer Bank auf. Wir wissen, in diese wird Geld getragen. Jetzt prüfen wir all das Geld, wir schreiben alles auf, einzeln. Dann prüfen wir, was herausgetragen wird. Wir kommen dann zu dem wundervollen Resultat, daß das Geld, das herausgetragen wird, genau so viel ist wie das, was hineingetragen wird. Daraus schließen wir, daß da keine Beamten drinnen zu sein brauchen; denn ebensoviel Geld wird herausgetragen als hineinkommt. Ebenso scharfsinnig ist das andere Urteil. Ebensoviel kommt heraus an Arbeit und Gedankenkraft, als an Nahrungswerten in den Menschen hineingelangt.

Aber in viel feinere Gebiete geht das noch hinein. Wir haben heute ein wunderbares Forschungsgebiet, das hineinleuchtet in die kleinsten Organe der Wesenheiten. Da finden sich sehr bedeutsame kleine

Organe. Die Forschungsmethoden sind bewunderungswert, durch die man imstande ist, an Pflanzen etwas nachzuweisen, was die menschlichen Seelenorgane nachahmt. Man weist nach, daß facettenartige Organe da sind, die das Auge bilden. Ja, man photographiert sogar Bilder, die da entstehen in den Pflanzenaugen, und daraus wird geschlossen – es soll nichts verunglimpft werden an der wunderbaren Forschungsmethode, aber es soll nur die Schlußfolgerung ins rechte Licht gesetzt werden –, da wird geschlossen: weil das so beobachtet werden kann, so müsse die Pflanze in ähnlicher Weise beseelt sein wie Tier und Mensch. Man sieht gewisse Pflanzen, welche durch ihre Organe Insekten heranziehen und sie verzehren. Eine gewisse Freßtätigkeit, Sinnestätigkeit entwickeln sie; sie ziehen Insekten an und verdauen sie gleichsam. Und die Schlußfolgerungen, die man daraus zieht, sind sehr geeignet, den Unterschied zu verwischen, der nicht verwischt werden darf zwischen Pflanze, Tier und Mensch. Derjenige, der mit praktischem Denken vertraut ist, kann folgendes sagen: Ich kenne auch ein merkwürdiges Wesen, das hat auch die Eigenschaft, durch gewisse Verrichtungen in seinem Innern wie mit magnetischer Kraft kleine Wesen anzuziehen und, wenn sie herankommen, sie dann nicht nur in sein Inneres zu befördern, sondern sie dort sogar zu töten. Das ist nämlich die Mausefalle. Und die Gedankenform, die man anwendet jetzt auf die Mausefalle, die ist nach demselben Muster gebildet wie die Gedankenformen, die von manchen

Leuten angewendet werden auf etwas, was ein neues Gebiet der Pflanzen erschließen soll, auf das Seelenleben der Pflanzen.

Wenn man sich solche Dinge vor Augen führt, dann kann man ein wenig ermessen, wie wichtig es ist, dieses Denken wirklich durch die angegebenen Mittel praktisch zu schulen. Man kann nicht bloß die Umsichtigkeit des Denkens schulen, sondern es auch bis zu einer gewissen Klarheit des Denkens durch die folgenden Übungen bringen. Wiederum weichen die Übungen von den Denkgewohnheiten ab.

Die meisten Menschen werden sich nicht schnell genug ihre Urteile bilden können über irgendeine Sache. Und wenn sie sie haben, so befriedigt sie das. Sie denken nicht daran, daß es auch anders hätte sein können; wenn ein anderer etwas anderes sagt, dann ist er ein Tor. Auf diese Weise lernt man nicht denken. Man lernt es dadurch, daß man, wenn man sich eine Meinung gebildet hat, auch die andere Denkmöglichkeit sich vorhält, daß man an demjenigen, was man selber gemeint hat, nicht festhält, sondern auch die andere Meinung in aller Liebe danebensetzt. Man wird sehen, daß das möglich ist. Man kann das auch charakterisieren, indem man sagt: nur der kann die Wahrheit erkennen, der auch die eigene Meinung in Frage stellt. Es ist sehr nützlich, sich zunächst, wenn man eine Frage zu beantworten, eine Aufgabe zu lösen hat, sich die verschiedenen Arten verdeutlicht, wie man sie auflösen kann, um dann die Sache ruhen zu lassen, überhaupt sich zu sagen: jetzt läßt du das ruhen. Man muß da nämlich einen Glauben haben, der sehr wichtig ist für die Praxis, den Glauben, daß man in sich etwas hat, eine Art höheren Menschen, der noch besser denken kann, als man denkt, wenn man selbst dabei ist. Man braucht nicht so egoistisch zu sein, daß man überall dabei sein will, was in der Seele vorgeht, und zu glauben, man weiß das Allerbeste. Wer an die reale Gültigkeit des Denkens glaubt und zu ihr Vertrauen hat, wird sich sagen: meine Gedanken werden durch ihre eigenen Kräfte am schönsten sachlich vorwärts kommen, wenn ich selber gar nicht dabei bin, wenn ich mich ausschalte und an anderes gehe und morgen oder übermorgen mir das alles wieder vorlege. Da wird man bemerken, daß man, wenn man nicht dabei gewesen ist, über diese Frage viel gescheiter geworden ist. Die Denkmöglichkeiten arbeiten dann in einem, und man kommt zu einer Entscheidung in viel günstigerem Sinne. Das ist von ungeheurer Bedeutung. Und wenn man glaubt, die Selbstlosigkeit hat ein zweites Mal es noch nicht zur Entscheidung kommen lassen, dann ist es von ungeheurer erzieherischer Bedeutung, wenn man nochmal zuwartet. Und man wird sehr bald bemerken, wie das Denken klarer und schlagfertiger wird. Man wird viel leichter, wenn man das Denken so geschult hat, rasch die Dinge zusammendenken können.

So kann man im einzelnen die Dinge angeben, durch die das Denken sich allmählich schulen kann. Wiederum etwas von großer Bedeutung ist das, daß man beachtet für die praktische denkerische Ausbildung das Folgende: Solange du Interesse an einer Sache hast, sollst du sie anschauen, beobachten und schweigen. Reden sollst du erst, wenn du kein unmittelbares Interesse mehr daran hast, wenn du dich über die Sache erhoben hast. Solange man noch zu sehr engagiert ist mit dem Interesse an einer Sache, soll man sie berücksichtigen und schweigen. Dann redet man am besten, wenn man nicht mehr das unmittelbare Interesse hat, sondern losgekommen ist mit seiner Freude und seinem Leid. Wer das tun kann, kommt sehr weit. Wer sich vornimmt, sich ein Urteil erst zu bilden, wenn das Interesse geschwunden ist, wer sich für alles interessieren kann und mit dem Urteil zurückhalten kann, wer erst in der Erinnerung sich das Urteil bildet, der kommt sehr weit. Das ist ein ganz bedeutsamer Fingerzeig, wie man das praktische Denken wesentlich schulen kann.

Und was nun wiederum besonders wichtig ist, das ist, daß man gar nicht dabei ist mit dem, was man schon ist, bei der Art, wie sich das Denken heranbildet. Sehr wichtig für den, der praktisch sich schulen will, ist, daß er gewisse Zeiten am Tage versucht, gar nicht zu denken. Denn dadurch wird das Denken am besten geschult, daß wir es durch unser Denken möglichst wenig schädigen. Wenn wir uns aller Gedanken entsagen können, wenn wir es vermögen, gar nicht die Gedanken, die wir fassen können, zu fassen, sondern nichts zu denken, dann wirkt die innere, immer vorhandene Kraft der Seele und bringt uns eigentlich ein Stück vorwärts. Das ist sehr schwer;

und die Energie, die man dazu aufwenden muß, ist sehr groß. Aber es ist von ungeheurem Werte, alles, was im Innern an Gedanken auf- und abwogt, zu unterdrücken und gar nichts zu denken. Was in uns denkt, ist auch dann da, wenn wir selbst nicht denken. Das bildet sich am besten aus, wenn wir eine Weile nicht dabei sind. Denn dann stehen wir durch unsere Persönlichkeit, durch unsere Individualität nicht im Wege. Wie es schon Arbeit ist, wenn wir verschiedene Möglichkeiten uns vorhalten und die Gedanken dann selbst arbeiten lassen, so ist es von wesentlicher Bedeutung, daß wir das, was Gedankenkraft ist, arbeiten lassen, ohne daß wir dabei sind, daß wir, wenn auch während noch so kurzer Augenblicke, das denkerische Wesen in uns sich entwickeln lassen ohne unser Zutun. Wer das längere Zeit macht, wird schon die große Wohltat einer solchen Sache bemerken.

Es ist schon richtig, was Fichte gesagt hat in bezug auf eine ganz andere Sache. Sehen Sie, er hat über die «Bestimmung des Gelehrten» gesprochen und wußte voraus, daß er so hohe Ideale aufstellen muß, daß die Menschen nicht mitgehen, weil sie es unpraktisch finden. Da sagt er dann: «Daß Ideale in der wirklichen Welt sich nicht darstellen lassen, wissen wir andern vielleicht so gut als sie, vielleicht besser. Wir behaupten nur, daß nach ihnen die Wirklichkeit beurteilt, und von denen, die dazu Kraft in sich fühlen, modifiziert werden müsse. Gesetzt, sie könnten auch davon sich nicht überzeugen, so verlieren sie dabei, nachdem sie einmal sind, was sie sind, sehr wenig; und die Menschheit verliert nichts dabei. Es wird dadurch bloß das klar, daß nur auf sie nicht im Plane der Veredlung der Menschheit gerechnet ist. Diese wird ihren Weg ohne Zweifel fortsetzen; über jene wolle die gütige Natur walten und ihnen zu rechter Zeit Regen und Sonnenschein, zuträgliche Nahrung und ungestörten Umlauf der Säfte und dabei – kluge Gedanken verleihen!»[9] So sagt Fichte über die, die von der Unpraxis der Ideale sprechen. Eine gütige Vorsehung tut in bezug auf das menschliche Denken allerdings das ihrige. Für vieles, was der Mensch verdirbt an seiner Gedankenkraft, wird der Ausgleich geschaffen dadurch, daß der Mensch schläft. Würde er immer wachen und durch seine Gedanken die Denkkraft beeinträchtigen, dann wäre das nicht auszuhalten. Daß der Mensch schläft, gibt ihm die Möglichkeit, immer wieder vorzurücken in die innere Denkkraft. Es wird das Denken aber viel wesentlicher gefördert, wenn der Mensch sich entschließt, nicht zu denken, obwohl er wach ist. Die Augenblicke des Nichtdenkens sind die größten erzieherischen Mittel für das Denken.

Nur einzelne Punkte konnten aus dem Umfange dessen, was man zu sagen hätte und was zwanzig Vorträge nicht erschöpfen könnten, herausgehoben werden, einzelne Punkte, die angeben können, wie man aus den Gesetzen der Geisteswissenschaft oder Theosophie heraus finden kann, wie das Denken für das praktische Leben geschult wird. Denn wahrhaftig, es wird das Denken durch solche Dinge geschult, es wird das Denken sowohl für Scharfsichtigkeit und Klarheit wie auch für die Geistesgegenwart geschult. Immer weiter kommen wir, wenn wir es uns nicht verdrießen lassen, solche Dinge anzuwenden. Man möchte sagen: würde man zeitig genug solche innere Schulung des Denkens auch pädagogisch anwenden, so würde alles das, was im Innern herausziseliert werden kann, den menschlichen Organismus so durchdringen, daß er ganz geschickt würde. Was heute gesagt worden ist, ist konkretes Denken, das den Menschen geschickt macht. Ich sage Ihnen, so sonderbar es klingt, dafür sorgt noch die Natur, daß die Menschen aufheben können, was ihnen heruntergefallen ist. Würde man aber die Denkkräfte so schulen, wie es heute gesagt worden ist, man würde die Menschen dahin bringen, daß sie mit den Zehen aufheben können, was ihnen herunterfällt. Nur die Nichtschulung des Denkens macht es, daß man in vielen Dingen so ungeschickt ist, weil die Schulung des Denkens nicht im Zentrum des Menschen arbeitet, nicht auf den Mittelpunkt geht. Dieses Prinzip liegt in allem, was heute gesagt worden ist: auf den Mittelpunkt des Menschen zu gehen, von diesem heraus die Kräfte in alle menschlichen Glieder hineinstrahlen lassen, daß der Mensch bis zur richtigen Handhabung des Suppenlöffels befähigt wird.

Wenn so durch die Geisteswissenschaft eine richtige Schulung in das Denken hineinkommt, dann wird der Mensch systematisch gerade in Goethe ein Vorbild sehen, er wird zu einem in die Dinge untertauchenden und deshalb gültigen Denken kommen. Gerade dadurch, daß man sein Denken so schult, kommt man dazu, überall die einfachsten Gedanken zu finden, das zu finden, was leicht überschaut werden kann. Man muß alle Dinge auf ihre einfache Gedankenkonstruktion zurückführen können. Das kann man nur, wenn das Denken in der angegebenen Weise geschult wird, sonst geht das Denken seine eigenen Wege. Im einzelnen können die Gedanken richtig sein, aber im ganzen sind sie nicht brauchbar.

Nicht wahr, wie schön wird gerade heute in der Wissenschaft das oder jenes bewiesen, was ein klares Denken schon auf den ersten Blick als Irrtum erkennt. Da gibt es heute Leute, die sagen zum Beispiel: Eigentlich gibt es keine Substanz, sondern nur Bewegung. Es ist in der letzten Zeit eine geistreiche Broschüre erschienen, die den Standpunkt einnimmt, daß alles Bewegung ist. Da wird wirklich gesagt, wenn der Mensch von einem Ort zum anderen geht, so trägt er nicht etwa das, was uns als seine Substantialität erscheint, von einem Ort zum andern, sondern das ist nur Bewegung, und indem er zum anderen Ort geht, reiht er eine neue Bewegung an. Das ist ganz nach dem Muster dessen gedacht, daß da oben die Sonne ist, die Sonnenteilchen sind bewegt, sie tanzen; indem sie tanzen, geht nicht etwas von der

Sonne zu uns, sagt man, die nächste Ätherumgebung tanzt, und es tanzt der Äther bis zu uns herab. Nur die Bewegung wird übertragen, sagt man, und das wird als Licht empfunden. Dieser ganze Äthertanz wird in diesem scharfsinnigen Buch auf den Menschen angewendet. Der ganze Mensch ist eigentlich nur ein Tanz. Wenn ich an den nächsten Ort gehe, so erzeuge ich eine neue Bewegung und so weiter. Man möchte dem guten Mann nur raten, wenn er geht, ja nur niemals zu vergessen, daß er die Bewegung wieder neu erzeugt, sonst müßte er ins Nichts hinein verschwinden.

Das ist ein Beispiel dafür, wie heute alles auf Bewegung zurückgeführt wird. Goethe aber hat es in seinem geraden Denken erfahren müssen, daß damals alles auf die Ruhe zurückgeführt wurde. Alles dies ist durch das unpraktische Denken verursacht, das nicht imstande ist, Kompliziertes auf Einfaches zurückzuführen. Goethe stand als Praktiker alledem gegenüber, und daß er sich in all dem Schrullenhaften zurechtfand, fußt auf dem, was er in seiner Denkpraxis gesagt hat.

Das wollen wir uns auch zum Schlusse sagen. Es kann auch den richtigen Gesichtspunkt für die Gesinnung angeben, die wir uns aneignen sollen. Er hat erfahren, daß sich seiner praktischen Denkweise Leute gegenüberstellten, die unpraktisch dachten, und da sagte er den Grundsatz, den man sich wirklich für alle Denkpraxis in die Seele schreiben soll, den Grundsatz:

Es mag sich Feindliches eräugnen,
Du bleibe ruhig, bleibe stumm;
Und wenn sie dir die Bewegung leugnen,
Geh ihnen vor der Nas' herum!

ANMERKUNGEN

1 Zu der Zeit, als Rudolf Steiner diesen Vortrag hielt, stand er mit seiner anthroposophischen Geisteswissenschaft noch innerhalb der Theosophischen Gesellschaft. Die von ihm damals gebrauchten Worte «Theosophie» und «theosophisch» wurden – einer von ihm später gegebenen Anweisung folgend – an den inhaltlich in Betracht kommenden Stellen in diesem noch zu seinen Lebzeiten veröffentlichten Vortrag durch «Anthroposophie» und «anthroposophisch» ersetzt.

2 Sir Rowland Hill. Seine 1837 in London erschienene Schrift *Post office reform, its importance and practicability* erregte Aufsehen, da er u.a. zur Vereinheitlichung des Portos die Verwendung von Briefmarken vorschlug. 1840 wurden die ersten Wertzeichen ausgegeben. Hill wurde 1846 zum Sekretär und später zum Leiter des Postwesens ernannt.

3 Dieses wird erwähnt in *Die erste deutsche Eisenbahn* von R. Hagen, 1885, S. 45.

4 Generalpostmeister Nagler: Karl Ferdinand Friedrich von Nagler.

5 Es handelt sich hier um den sogenannten Plateauschen Versuch, entwickelt von dem Physiker J. A. F. Plateau, 1801-1883. Man vergleiche hierzu die Darstellung, die Vinzenz Knauer in seinen Vorlesungen über *Die Hauptprobleme der Philosophie* (Wien und Leipzig 1892) gibt: «Eines der hübschesten physikalischen Experimente ist der Plateausche Versuch. Es

wird eine Mischung aus Wasser und Alkohol bereitet, die genau das spezifische Gewicht des reinen Olivenöles hat, und in diese Mischung dann ein ziemlich starker Tropfen Öl gegossen. Dieser schwimmt nicht auf der Flüssigkeit, sondern sinkt bis in die Mitte derselben, und zwar in Gestalt einer Kugel. Um diese nun in Bewegung zu setzen, wird ein Scheibchen aus Kartenpapier im Zentrum mit einer langen Nadel durchstochen und vorsichtig in die Mitte der Ölkugel gesenkt, so daß der äußerste Rand des Scheibchens den Äquator der Kugel bildet. Dieses Scheibchen nun wird in Drehung versetzt, anfangs langsam, dann immer schneller und schneller. Natürlich teilt die Bewegung sich der Ölkugel mit, und infolge der Fliehkraft lösen von dieser sich Teile ab, welche nach ihrer Absonderung noch geraume Zeit die Drehung mitmachen, zuerst Kreise, dann Kügelchen. Auf diese Weise entsteht ein unserem Planetensystem oft überraschend ähnliches Gebilde: in der Mitte nämlich die größte, unsere Sonne vorstellende Kugel, und um sie herum sich bewegend kleinere Kugeln und Ringe, welche uns die Planeten samt ihren Monden versinnlichen können.»

6 Vor den Mitgliedern der damaligen Theosophischen Gesellschaft konnte Rudolf Steiner eine Kenntnis der Gliederung des Menschen in physischen Leib, Ätherleib (oder Lebensleib), Astralleib und Ich als Seelenkern voraussetzen. Die Grundlagen hierzu hatte er in seinem 1904 erschienenen Buch *Theosophie. Einführung in übersinnliche Welterkenntnis und Menschenbestimmung* (Gesamtausgabe Bibliographie-Nr. 9) dargestellt.

7 Johann Christian August Heinroth. Siehe *Lehrbuch der Anthropologie*, Gotha 1822, S. 387f. (2. Ausg. Leipzig 1831, S. 453f.). Goethe selbst hat sich über diese

Bemerkung gefreut: Siehe den Aufsatz «Bedeutende Fördernis durch ein einziges geistreiches Wort», *Zur Morphologie*. Zweiter Band des ersten Heftes 1823, in *Goethes Naturwissenschaftliche Schriften*, herausgegeben und kommentiert von Rudolf Steiner in Kürschners *Deutsche National-Litteratur* 1884-1897, 5 Bände, Nachdruck Dornach 1975, GA Bibl.-Nr. 1 a-e, Band II, S. 31 ff.

8 Goethe-Zitat: *Zahme Xenien*, Erste Reihe.

9 Johann Gottlieb Fichte, aus dem «Vorbericht» zu seinen fünf Vorlesungen *Über die Bestimmung des Gelehrten* (1794).

In gleicher Ausstattung sind erschienen:

Die praktische Ausbildung des Denkens

Hellsehen und Einweihung

Interesse für den anderen Menschen

*Anthroposophie. Drei Perspektiven für
das neue Jahrtausend*

Innere Ruhe

Geistige Schau und irdischer Ausdruck

Das Geheimnis der Gemeinschaft. Drei Ideale

Quellen der Gesundheit

Schicksal und Liebe

Entwicklung des Denkens – Stärkung des Willens

Schöpfen aus dem Nichts. Wahrheit, Schönheit, Güte

Rudolf Steiner
Hellsehen und Einweihung
Drei Vorträge, herausgegeben von Jean-Claude Lin.
141 Seiten, kartoniert
ISBN 978-3-7725-1771-6

In drei ausgewählten Vorträgen weist Rudolf
Steiner auf verschiedene Stufen und Arten des Hell-
sehens hin. Er führt aus, wie diese ausgebildet werden können und welche Gefahren dabei bestehen,
welche Aufgabe dem denkenden Erkennen für ein
souveränes Handhaben hellseherischer Erlebnisse
zukommt. Dieses bildet den Grundpfeiler einer
zeitgemäßen Einweihung.

Wissenschaft und Lebenskunst
Verlag Freies Geistesleben

Rudolf Steiner
Geistige Schau und irdischer Ausdruck
Zwei Vorträge und ein Aufsatz, herausgegeben
von Jean-Claude Lin, mit einem Beitrag
von Rudi Lissau.
136 Seiten, kartoniert
ISBN 978-3-7725-1775-4

Einmal, berichtet Rudi Lissau, wurde Rudolf Steiner
gefragt, ob es heute auch andere Menschen gebe,
deren Einsichten mit seinen vergleichbar wären. Er
bejahte die Frage. Aber sie könnten ihre Erlebnisse
nicht in Worte fassen, fügte er hinzu.

Wissenschaft und Lebenskunst
Verlag Freies Geistesleben

Rudolf Steiner
Entwicklung des Denkens – Stärkung des Willens
Drei Vorträge, herausgegeben von Andreas Neider.
155 Seiten, kartoniert
ISBN 978-3-7725-1779-2

Meditationsübungen können richtig ausgeführt sein und dennoch zu Fehlentwicklungen führen, wenn nicht bestimmten Einseitigkeiten Ausgleichendes an die Seite gestellt wird. In diesem Sinne zeigt Rudolf Steiner in den hier ausgewählten, bisher wenig bekannten drei Vorträgen, wie eine Verlebendigung des Denkens immer durch eine Verstärkung des Willens ergänzt werden muss.

Wissenschaft und Lebenskunst
Verlag Freies Geistesleben

Rudolf Steiner
Schöpfen aus dem Nichts
Wahrheit, Schönheit, Güte
Drei Vorträge, herausgegeben von Jean-Claude Lin.
119 Seiten, kartoniert
ISBN 978-3-7725-1780-8

Nicht wenige Menschen fühlen sich in unserer Zeit
wie ausgebrannt. Irgendwann machen sie die Erfahrung, dass ihnen die Kraft zur schöpferischen
Betätigung abhanden gekommen ist oder dass die
vertraute Ordnung ihres Lebens zusammenbricht
und sie wie vor dem «Nichts» stehen.

Wissenschaft und Lebenskunst
Verlag Freies Geistesleben

Rudolf Steiner
Anthroposophie. Drei Perspektiven
für das neue Jahrtausend
Drei Vorträge, herausgegeben von Jean-Claude Lin.
96 Seiten, kartoniert
ISBN 978-3-7725-1773-0

Drei Perspektiven der Anthroposophie entwirft
Rudolf Steiner, die zu einer Kultur der Freiheit und
Liebe führen können: die *physische,* die *seelische* und
die *geistige* Perspektive. Sie weisen weit hinaus ins
neue, dritte Jahrtausend.

Wissenschaft und Lebenskunst
Verlag Freies Geistesleben